やさしい英語を聴いて読む
IBCオーディオブックス

LEVEL
5

日本の経済
［改訂版］
The Japanese Economy

小林佳代 著

ジャイルズ・マリー 訳

松澤喜好 監修

IBCパブリッシング

《使用語彙について》

レベル1：中学校で学習する単語約1000語

レベル2：レベル1の単語＋使用頻度の高い単語約300語

レベル3：レベル1の単語＋使用頻度の高い単語約600語

レベル4：レベル1の単語＋使用頻度の高い単語約1000語

レベル5：語彙制限なし

カバーデザイン

岩目地英樹（コムデザイン）

ブックデザイン

鈴木一誌＋藤田美咲

ナレーション

Howard Colefield

英語の習得をめざす人が夢見るのは、「英語で感動することができる」レベルだと思います。「映画を字幕なしで見て感動したい」「海外ドラマを英語で楽しめるようになりたい」、そんな希望をお持ちのことでしょう。英語で感動し、そして他人をも感動させることができるようになれば、日本語と英語の両方で、人生を2倍楽しむことができてしまうのです。

英語が得意な日本人が最後まで苦しむのが、「リスニング100%」のレベルに到達することです。「リスニング100%」の状態とは、発音、語彙、文法、多読、多聴などで蓄積されたスキルが頭のなかで統合されている状態です。したがって、「リスニング100%」になることを目標にすえて学習することが英語マスターへの近道だと考えられます。しかし現状では、日本人がまとめて長時間の英語の音声を聴く機会は極端に少ないといえます。それに、ただ英語を1日中聴き流していれば目標に到達できるというわけでもありません。自分にあった教材を使用して、自分のレベルを上げていくプロセスを組み立ててこそ、「リスニング100%」の状態をものにすることができるのです。

　これまでリスニングや発音の指導をしていて、リスニング学習へのアプローチを誤ったために伸び悩んでいる生徒にたくさん接してきました。彼らはそろってある典型的な誤りに陥っていたのです。これは最初に目標として定めたレベルに達するよりも早く、次の題材へと移ってしまうことに起因します。これではレベルアップの機会を自らつぶしていることになります。もっと分かりやすく説明しましょう。

● Question

　ここに1冊の日常英会話の練習用CDがあったとします。このCDの再生時間は60分間で、20章で構成されているとしましょう。あなたなら、このCDを使ってどのように練習しますか。以下の3とおりの方法を見てみましょう。

例1　1章ずつ順番に1回ずつ声に出して発音しながら練習する。ひととおり終わったら、もう一度最初から20章を通して練習する。

……この方法では、一応1冊を終わらせてはいますが、発音やリスニングの練習としては、まったく不十分です。ではもう少し量を増やせばよいのでしょうか。

例2　1章を5回くりかえしてから次の章に移る。20章まで同様にして、練習する。

……いわゆる勉強家のやりかたで、ご立派だと思います。この方法にはそれなりの勉強時間を確保する意志が必要だからです。その結果として少しは実力がつくと思われますが、発音やリスニングの練習方法としては、まだまだ不十分でレベルアップにはつながりません。

例3　ひととおり20章を最後まで聴いてから、一番好きな章をひとつだけ選ぶ。その章を携帯オーディオ機器にダウンロードして常に持ち歩き、50回から100回くりかえす。

……この方法なら、カタカナ式だった英語が、ようやく本来の英語に変身します。20章のうちのたったひとつの章をくりかえし聴けばよいので、例2と総合的な所要時間は一緒ですが、心理的な負担がぐっと軽くなります。

　なぜ例3の方法がもっとも有効なのかを、スポーツにたとえて説明しましょう。テニスでも野球でも、ラケットやバットの素振りをおこないます。素振りは、5回や10回では身につきません。数千回くりかえすことで、筋肉がつき、敏しょう性が備わり、やがて球を確実に返せるようになります。同様に、発音やリスニングも、カタカナ式発音から英語本来の発音へと変身するために必要な顔の筋肉、呼吸方法、確実性、敏しょう性を身につけるためには、数百回の練習が必要なのです。例2では、素振りの筋肉がつく前に次の練習に入ってしまっています。それに対して例3の方法なら、短い題材を何度もくりかえすことで、短時間のうちに急速に力がつくのです。

● オウムの法則

　ここまでで述べてきたことはParrot's Law「オウムの法則」に基づいています。これは私がオウムの調教にちなんで名づけた考えかたです。オウムは2,000回くりかえして初めてひとつの言葉を口にできるようになるといいます。たとえばまず「おはよう」ならそれを2,000回くりかえし教えます。ついに「おはよう」と言わせることに成功すれば、次にはたった200回の訓練で「こんばんは」が言えるようになります。英語学習もこれと同じで、早い段階で脳に英語の発音を刷

り込んでおくことが重要なのです。Parrot's Lawのねらいはそこにあ
ります。日本人の英語学習法を見てみると、「おはよう」をマスター
する前に「こんばんは」の練習に取りかかってしまうので、いつまで
たってもひとことも話せないし、聴こえない状態に留まってしまうの
です。オウムですら一生に一度、2,000回のくりかえしをするだけで
言葉を発することを覚えます。鳥よりもはるかに学習能力が高い人
間なら、100回もくりかえせば、カタカナ式発音をほんものの英語発
音に変身させることができるはずです。

● 短い英文を100回聴く

　発音やリスニングが苦手な方は、まず短めの題材をひたすら
くりかえし聴いて、英語の発音を完全に習得してしまいましょう。
Parrot's Lawのメソッドなら、短い題材から大きな効果が期待できま
す。最初の50回までは、毎回少しずつ発見があり、自分の成長が実
感できます。さすがに50回を超えると発音方法が分かるようになり、
意味もほぼ理解して、英語で直接、場面をイメージできるようになり
ます。同時に、自分の進歩が飽和してきて「これ以上は伸びないの
では?」と感じられます。でも実際には、50回を超えてからが肝心
なのです。100回に向けて、脳に音の刷り込みをおこなっていきま
す。子音、母音、音節、イントネーション、複数の単語のかたまり、間
の取りかた、息継ぎまでをそっくり再現できるまで練習しましょう。
こうしてオウムでいうところの「おはよう」レベルに達することができ
るのです。

● 仕上げの30分間

　次にもう少し長めの20分から30分くらいの題材を聴いて、ストー
リーを追ってみます。そしてそれを数十回くりかえし聴きます。これ

がParrot's Lawメソッドの仕上げ段階です。これにより、リスニングレベルは劇的に向上します。まったく未知のストーリーでも、英語で筋を追うことができるようになるのです。

　一生のうち一度、短い英文の朗読を100回くりかえして聴き、練習するだけで、発音とリスニングの壁を越えることができるのです。英語学習の早い時期に絶対に実施すべきトレーニングだと考えています。

●オーディオブックス

　アメリカでは、ベストセラーをオーディオブックスで楽しむスタイルが普及しています。ストーリーを味わいながら英語のリスニングスキルを伸ばしたいなら、オーディオブックスを聴いて想像力を働かせることがとても効果的です。しかしその一方で、ネイティブスピーカーを対象とした一般のオーディオブックスをいきなり聴いて挫折してしまう人がたくさんいることも事実です。日本の読者に向けた『IBCオーディオブックス』なら、楽しみながらParrot's Lawメソッドを実行することができます。『IBCオーディオブックス』のラインナップからお好きなものをチョイスして、挫折することなしにストーリーを楽しんでみてください。

『IBCオーディオブックス』 活用法

　前述したようにアメリカでは、ベストセラーをオーディオブックスで楽しむスタイルが一般化しています。ストーリーを楽しみつつ英語のリスニングスキルを伸ばしたい人に、オーディオブックスはとても効果的だといえます。ところが、日本人英語学習者がいきなりネイティブスピーカー用のオーディオブックスを聴いても、スピードや語彙の問題から、挫折感を味わうだけとなってしまうかもしれません。英語初心者でも楽しみながら英語に親しめる『IBCオーディオブックス』は、いままでまとめて長時間の英語の音声に触れる機会がなかった日本の英語学習者に、初級から上級まで、幅広い音声を提供します。語彙のレベルや朗読のスピードが豊富なラインナップからお好みのタイトルを選び、上手に活用していただければ、リスニングをマスターすることが可能になります。

　では具体的に、『IBCオーディオブックス』を120％使いこなす方法を説明しましょう。

1　自分の心のままに「お気に入り」のトラックをみつける

　まず、『IBCオーディオブックス』のCD全体を、「テキストを見ずに」聴いてください。聴きかたは、音楽CDと同じ感覚でけっこうです。たとえば、買ったばかりの音楽CDを聴くときは、ひととおり聴いて、自分はどの曲が好きで、どの曲が嫌い、と心でチェックを入れています。『IBCオーディオブックス』のCDもまず全体を通して聴いてみて、自分の好きな曲＝トラックをみつけてみます。

　聴いてみて内容が半分ぐらい理解できるようでしたら、テキストを見ないままで何度か続け、好きなトラックをみつけてください。ほとんど理解できない場合は、テキストを見ながら聴いて好きなトラックを選んでもかまいませんが、あくまでも基本は、「テキストを見ないで聴く」ことです。

　最初からほとんど聴き取れてしまった方は、次のステップ②へ進んでください。

　お気に入りのトラックをみつけたら、そこを何度もくりかえし聴いて、リスニングと朗読の練習をしましょう。Parrot's Lawのメソッドの第一歩、短いパートを100回くりかえす方法の実践です。くりかえし回数のめやすはだいたい以下のとおりですが、「自分が納得できるまで」を原則とします。100回より多くても少なくてもけっこうです。
　また、気に入ったトラックは携帯オーディオ機器に入れて持ち歩くと、空き時間をみつけてリスニング回数をかせぐことができますので、おすすめです。

●30回程度、テキストを見ないで、ひたすらリスニングをおこなう。
●次の30回は、テキストを見ながら、内容を理解する。
●次の30回は、CDに続いて自分でも声を出して発音する。
●次の10回で、テキストを見ないでリスニングが100％になった状態を確認する。

　これだけの練習を終えるころには、自分が選んだトラックについては、すべて理解できるようになっていることと思います。時間的には短いですが、練習の最後には、「リスニング100％」の状態を体験してみることが重要です。テキストを見ながら内容を理解している段階においては、積極的に辞書を引いて、発音もチェックしておい

てください。聴くだけでなく自分自身でも発音してみる次のステップに入るころには、文章をほぼ暗記できていると思います。

　短めの1トラックを題材にして、じゅうぶんすぎるくらいに練習できたら、いよいよ、1冊全部を聴いてみてください。練習する前とくらべて驚くほど聴き取れるようになっている自分を発見するはずです。

2　リスニングと朗読の練習をする

　ステップ①では、短めの1トラックだけに集中しましたが、このステップ②では、20分から30分程度の長めのリスニングをおこないます。ステップ①で選んだトラックを含む、前後20分程度のトラックを連続してくりかえし聴き、あわせて発音練習もします。全部で100回といいたいところですが、20回から30回でもじゅうぶんだと思います。聴きかたと練習法については、下記を参考にしてください。

● 10回程度、テキストを見ないで、ひたすらリスニングをおこなう。
● 次の10回は、テキストを見ながら、内容を理解する。
● 次の10回は、CDに続いて自分でも声を出して発音する。
● 次の5回で、テキストを見ないで、リスニングが100%になった状態を確認する。

3　ストーリーを楽しむ

　以上の練習でリスニング力と正しい発音がしっかりと身についてきます。自分でもじゅうぶん練習したと納得できたら、本1冊分、トラック全部を通して聴いてみてください。練習を始める前とは見違えるように聴き取れると思います。リスニングでストーリーを追える自分に気づいて感動すると思います。この感動が、英語の学習を続ける大きなモチベーションになります。

　英語でストーリーを楽しむという経験を味わうことによって、いままでの英語学習方法に変化が起きてきます。たとえば、子音・母音の発音方法についてもっと興味がわいてきて、真の発音練習ができるようになったりします。自身の語彙不足に気づいたり、これまで発音を正確に身につけていなかったことなどに気づくことで、辞書を引いたときにはその単語の発音までもチェックするようになります。いったんストーリーを楽しめるようになると、英語を語順のとおり直接理解していく習慣がつきます。英文をいちいち日本語に直したり、文末から後戻りしないと理解できないという状態が改善されます。洋書を読んでいても文章を単語の発音と結びつけられるようになります。聴くときも、読むときも、バラバラの単語単位ではなくて、複数の単語どうしのかたまりで意味をとらえていけるようになります。

　英会話や、英語でのプレゼンテーションにもよい影響が出始めます。発音の指導をしていると、「発音明快・意味不明」の人に出会います。発音はネイティブスピーカーレベルなのですが、目をつぶって聴いていても意味が伝わってこない人のことです。そうなってしまう最大の原因は、「伝える」ということを明確にイメージせずに、ただ英語を話しているところにあります。そうすると英語のイントネーションや、単語のかたまりごとのスピード調節、間の取りかたなどがないがしろにされてしまい、聴き手に意味が伝わらないのです。たとえネイティブスピーカーでも英単語をぶつ切りにして話をされれば、意味がわからなくなってしまうのです。ところが、リスニングによってストーリーを楽しめる段階までくれば、この「発音明快・意味不明」の状態は自然に改善されていきます。ストーリーを楽しめることは、ネイティブスピーカーの聴こえかたに近づいてくるからです。

4 『IBCオーディオブックス』のさきにあるもの

自信がついてきたら、さらに『IBCオーディオブックス』からほか
のタイトルを選んで楽しんでください。日本人の英語学習者は、そも
そも英語に触れる絶対量が不足しているので、もっと積極的に英語
に触れる機会をつくる必要があるのです。『IBCオーディオブックス』
には難易度に合わせたレベル表示があるので、それを参考に、どん
どんレベルの高いストーリーに進んでください。ただし、それを勉強
としてとらえてしまってはいけません。楽しみながら実践した結果
として大量の英語に触れている、というのが理想的です。英語に触
れることを日常の習慣として取り入れることから始めるのです。

そして、だんだんと実力がついてきたら、好きな映画やペーパー
バック、海外のオーディオブックスなども取り入れてみましょう。1日
1時間としても、楽しみながら、1週間で7時間もの間、英語に触れ
ていることが可能となります。それだけの時間、英語漬けといえる
環境に身を置けば、英語を流しっぱなしにしているだけでも、どん
どん実力がアップしていくでしょう。

皆さんも『IBCオーディオブックス』で、英語を聴くことの楽しみ
を自分のものにしていってください。

● 本書のテキストは小社より刊行の「ラダーシリーズ」と共通です。

● 「あらすじ」のトラック番号は付属のCDに対応しています。2枚組のときは左
がCD、右がトラックの番号となります。

● 本書のCDは、CDプレーヤーでご利用ください。パソコンのCDドライブなど
では正常に再生できない場合があります。

目次

TRACK 1-1
p.23〜

Foreword

本書は、日本経済の基本をやさしい英語で解説する。敗戦後、日本が回復し、高度経済成長を遂げた経緯、そしてバブル経済とその崩壊後、停滞期を迎えた日本経済の歴史を振り返る。日本型の経営システムや国際経済における日本の位置付け、21世紀に入ってからの日本経済の動向など、ニュースによく出る話題も。日常に影響する経済に読者の関心が高まることを願って。(3分9秒)

TRACK 1-2
p.28〜

PART I Postwar Reconstruction

第二次世界大戦中にくり返された空襲は、工場や生産施設を破壊し、日本の産業をほぼ全滅させた。戦後、日本は進駐軍(GHQ)の政策により民主化の途をたどった。それはどのような内容だったのだろうか。その後、朝鮮戦争による特需を契機に、日本経済は戦前の水準まで回復を遂げ、そして高度経済成長期へと入っていく。戦後の時代に終わりを告げたのである。(2分27秒)

TRACK 1-3
p.31〜

PART I Rapid Growth

戦後復興後、日本経済は1950年代半ばから70年代前半にかけて、高度成長を遂げた。1960年に政府が打ち立てた所得倍増計画の目標を大きく上回る成長率で、日本は経済大国への道を歩み始めていた。その反面、60年代後半に起きた公害問題は高度経済成長の負の側面も示している。その後のニクソン・ショックや第一次石油危機によって、日本の高度成長は終焉を迎えた。(3分19秒)

TRACK 1-4
p.35〜

PART I The Bubble Economy

1980年代後半から90年代前半の好景気は「バブル経済」と呼ばれ、高まる不動産や株式への投機熱によって引き起こされた。1985年のプラザ合意の結果、円高が急速に進行して輸出が落ち込んだことにより、日本経済は大打撃を受けた。政府の低金利政策に伴い、国内の不動産や株式への投資意欲は高まり、特に地価は高騰した。その背景にあったのは「土地神話」だった。(2分32秒)

TRACK 1-5 p.38〜

PART I The Lost Decade

日本のバブル経済は1990年代初頭に崩壊した。政府と日銀による様々な政策転換により、株価と地価はともに暴落した。バブル崩壊後、日本経済は長い停滞期に入り、90年代に完全に回復することはなかった。金融機関は不良債権に、企業は「三つの過剰」に苦しんだ。日本経済はデフレスパイラルに陥っていたのである。この時期は「失われた10年」と呼ばれている。（2分21秒）

TRACK 1-6 p.40〜

PART I (Column) Non-Performing Loans

バブル期には、銀行が土地や株式を担保に企業へ巨額の融資を行っていた。バブルが崩壊すると、多くの企業が経営難に陥り、元本はおろか利息の返済すらできない。こうして銀行は膨大な量の不良債権を抱え込み、その処理が大きな政治課題となった。その後、この問題は徐々に解決し、日本経済はようやく長い停滞期を脱し始めたが、どのように処理したのだろうか。（2分24秒）

TRACK 1-7 p.44〜

PART II One: Lifetime Employment, the Seniority System, and Company Labor Unions

戦後の日本経済が好調に発展した背景には、日本企業ならではの特徴がある。終身雇用、年功序列、企業組合は日本型経営の「三種の神器」と呼ばれることも。戦後の混乱により深刻な労働力不足を経験した日本企業は、労働者の定着を図る人事制度を導入した。また、企業と従業員は互いに深い信頼関係を持ち、その強い絆が企業の成長と日本経済全体の発展に貢献した。（3分6秒）

TRACK 1-8 p.47〜

PART II Two: Cross-Shareholdings

株式の持ち合いは日本特有の資本取引慣行である。戦後の財閥解体で大量の株が市場に放出され、企業買収が多発したため、取引関係の深い企業同士がお互いの株を持ち合い、安定した体制を保とうとした。この持ち合いが日本型経営にもたらした影響とは。他国から「閉鎖的」「透明性がない」と攻撃されたこの制度は、1990年代に入り、徐々に崩壊し始めた。（2分8秒）

TRACK 1-9 p.50〜

PART II Three: The Main Bank System

日本企業の資金調達は、銀行融資や間接金融に大きく依存している。取引する金融機関を1行に定め、密接な関係を保つ「メインバンク」制度は、日本の金融の大きな特徴の一つだ。ある条件を満たしたメインバンクは、日本の企業経営や金融安定に重要な役割を果たしている。最近はこの制度の有効性が疑問視され、株主の積極的なガバナンスの重要性が高まっている。(2分11秒)

TRACK 1-10 p.53〜

PART II Four: Kanban and Kaizen

日本の産業は、生産プロセス改善を目指す日々の努力とイノベーションの結果、国際的な競争力を持つようになった。その代表的なものが「カンバン」と「カイゼン」だ。どちらもトヨタ自動車の生産方式を由来とし、今では日本の標準的な生産管理手法となっている。日本の製造業の国際的な競争力に一役買っている2つのシステムについて、本項では取り上げている。(2分7秒)

TRACK 1-11 p.55〜

PART II Bureaucrats and the Private Sector

政府の産業政策は、日本経済が高度成長を遂げる上で非常に重要な役割を果たした。第二次世界大戦後、政府は日本の生産力の復活と強化を目的とした経済計画政策を実施した。政府は原材料や資本などの経営資源を配給したり、市場競争の制限や行政指導、戦略的な産業育成を行ったりした。企業活動には政官財が強く影響し、日本は一つの巨大企業のように機能していた。(2分13秒)

TRACK 1-12 p.58〜

PART II The Growth of World-Leading Industries

第二次世界大戦の敗戦は日本を強く打ちのめした。日本は天然資源が少なかったため、原材料を輸入して国内で加工し、完成品を輸出する「加工貿易」で経済を発展させた。現在、日本は加工貿易の一種である自動車、電気機械、家電製品の生産で世界をリードしている。日本経済全体にも影響するこれら産業の発展にはどのような背景があったのかを解説する。(2分59秒)

TRACK 1-13 p.62~

PART II New Growth Industries: Video Games, Comics, and Cartoons

テレビゲーム、マンガ、アニメは日本の主要な新しい輸出産業となっており、これらの産業は密接に結びついている。日本のマンガが1960年代にブームとなった後、アニメに発展し、テレビやビデオデッキの普及とともに成長した。テレビゲームは1980年代に登場し、ゲーム機やソフトの高機能化に伴って普及、今や世界市場の大半を占める日本を代表する産業となった。（2分1秒）

TRACK 1-14 p.66~

PART III The Export-Led Economy

1980年代半ばまで、日本は輸出主導型経済で成長を遂げてきた。戦後、政府は天然資源の少ない日本の国際競争力を高めるべく、加工貿易による経済発展を目指した。日本の低価格・高品質な製品は、アメリカを中心に海外市場へ大きく進出したが、ときに貿易摩擦が生じることもあった。日本の競争力が高まり、輸出が拡大するにつれて、貿易は政治的な問題となっていく。（2分1秒）

TRACK 1-15 p.68~

PART III Trade Friction

日本の巨大な貿易黒字による貿易摩擦は、特にアメリカとの間で深刻な問題となった。繊維を皮切りに、様々な輸出製品に焦点が当てられ、一時は日本だけでアメリカの貿易赤字の4分の1を占めることもあった。貿易摩擦を減らすために、日本の規制緩和と日本市場のさらなる開放が議論されてきたが、本項ではこれまでにどのような措置が取られてきたのか取り上げる。（2分6秒）

TRACK 1-16 p.70~

PART III The Strong Yen and Overseas Production

1985年9月、プラザ合意が成立した。その結果、ドル高・円安からドル安・円高へと急変し、日本は円高不況に陥った。実質経済成長率は下落し、輸出が大幅に減少したことによって製造業の競争力は低下した。企業が海外での現地生産へと切り替え、工場の海外移転を進めるにつれて、国内生産の縮小と雇用の減少、すなわち「産業の空洞化」も進行しているのだ。（2分13秒）

18 あらすじ

TRACK 1-17 p.73〜

PART III The Rise of China

中国経済は非常に速いスピードで発展している。2004年、中国は輸出と輸入を合わせた貿易総額でアメリカを抜き、日本にとって最大の貿易相手国となった。日本企業の海外拠点数でも中国は最多で、日中経済の関係はより緊密になっている。中国からの訪日観光客も増え、全訪日観光客の約3割を占めてトップに立つ。両国間の経済的な相互依存はますます強まっている。(2分37秒)

TRACK 1-18 p.76〜

PART III Economic Partnership Agreements (EPAs)

日本は2000年代に入ってから、経済連携協定(EPA)を積極的に締結してきた。2002年のシンガポールを皮切りに、現在はASEAN諸国を中心とする18の国・地域とのEPAを発効している。EPAの中で大きな話題となったのが、環太平洋パートナシップ協定(TPP)だ。このEPAとはどのような協定で、締結することによってどのようなメリットが生まれるのか解説する。(2分48秒)

TRACK 2-1 p.82〜

PART IV Deflation

日本経済は1990年代後半からデフレに陥り、その後20年以上にわたり克服できなかった。戦後、これほど長期にデフレを経験した国は日本だけだ。なぜ日本はここまで物価が下落し、長期化してしまったのだろうか。このデフレの長期化により、日本経済は企業収益の減少、設備投資の減少、雇用の減少、賃金の下落、消費の低迷というデフレスパイラルに陥ってしまった。(2分15秒)

TRACK 2-2 p.84〜

PART IV Government Deficits

バブル崩壊後、日本経済は長期にわたって低迷した。景気回復を目的に財政出動をくり返した結果、現在日本は先進国の中で最大の財政赤字を抱えている。政府が発行する国債の量は増え、債務残高の対GDP比は200%を大きく超えて、先進国の中では圧倒的に高い。政府はようやく財政赤字の深刻化に対処するべく、「トリプル改革」をはじめとする財政改革を進めている。(2分25秒)

TRACK 2-3 p.88〜

PART IV Reform of the Financial System

戦後、日本の金融制度は強大な大蔵省(現財務省)のもとで発展し、すべての金融機関を育成・保護する規制を導入した。しかし、世界各国が金融改革を始めると、日本は国際競争力を失い始めた。1996年に政府が発表した金融制度改革「日本版ビッグバン」は失敗。バブル崩壊後の不良債権で弱体化した日本の銀行の信用力は低下し、2005年まで金融市場は不安定だった。(2分38秒)

TRACK 2-4 p.91〜

PART IV Deregulation

日本は金融、小売、通信、建設など多くの分野に規制をかけてきたが、海外からの批判に応え、近年は構造改革の一環として規制を取り除いてきた。1980年代に入ってから、公社の民営化に加えて、航空や流通、発電などでも規制緩和の議論が行われた。規制は技術革新を阻害し効率を低下させるが、撤廃・緩和された産業は自由市場のもとで厳しい競争にさらされている。(2分1秒)

TRACK 2-5 p.93〜

PART IV Corporate Restructuring

バブル崩壊後の経済停滞の中、日本は「三つの過剰」に悩まされた。この問題を解決するため、多くの企業が大胆な企業再編を行い、事業再編、人員削減、資産売却を行った。終身雇用が当たり前だった日本企業での人員削減は、コスト面には効果的だったが、新たな問題も発生した。日本企業は、最高の結果を出すために、人事制度や社員との関係性を見直す必要がある。(2分19秒)

TRACK 2-6 p.96〜

PART IV A More Flexible Labor Market

日本型経営の特徴であった終身雇用、年功序列は今、解体されようとしている。成果主義の導入、転職者や離職者の増加、派遣社員の利用増加に伴い、労働市場はより流動的になった。初めて仕事や転職をする人が、雇用主の設定した基準を満たせず、仕事と求職者との間に「ミスマッチ」が生じている。これは日本経済の生産性と競争力を高めるために解決すべき課題だ。(1分56秒)

TRACK 2-7 p.98〜

PART IV (Column) **The Changing Attitude Toward Work**

1990年代半ば以降、正社員雇用の減少と労働市場の柔軟化に伴い、日本の若者の仕事に対する姿勢が大きく変化した。「フリーター」となって、アルバイトや派遣社員として働くことを選択する。「ニート」や「ひきこもり」となって労働市場に参加しない。いずれの増加も日本の経済成長を阻害するため、教育・産業・社会が一体となって問題を解決しなければならない。（2分25秒）

TRACK 2-8 p.101〜

PART IV **The Aging Society and Declining Birth Rate**

高齢化と少子化が日本経済を根底から揺るがしている。日本の年間出生数は1973年から減少を続け、現在は当時の半分以下の水準に。一方、総人口に占める65歳以上の高齢者の割合は、およそ3人に1人となっている。日本の総人口は2008年をピークに減少に転じ、消費や内需の落ち込み、15歳から64歳までの生産年齢人口の減少は深刻な問題だ。社会保障制度改革が急がれる。（3分4秒）

TRACK 2-9 p.105〜

PART IV **Environmental Problems**

1990年代以降、地球温暖化やオゾン層破壊などの環境問題は、各国が一丸となって解決すべき世界的課題となった。2015年には、温室効果ガス削減の国際的な枠組みとして「パリ協定」が合意された。企業は環境保全や環境負荷低減の必要性を認識することが求められている。環境問題は、企業が技術開発をする上で、新たな成長の機会を提供してくれるプラスの面もある。（3分12秒）

TRACK 2-10 p.110〜

PART V **Structural Reform**

バブル崩壊後の1990年代末、日本は経済も社会も行き詰まりを迎えていた。2001年4月に登場した小泉首相は、経済成長に拍車をかけ、拡大を維持するためには「構造改革」が必要だと主張した。本項では、小泉氏が推し進めた改革の具体的な内容を解説する。2002年2月から2008年2月までの73か月間は「いざなみ景気」が続いたが、国民が豊かさを感じることのない好景気だった。（4分19秒）

TRACK 2-11
p.114~

PART V The 2008 Financial Crisis

2007年の夏頃からアメリカで顕在化し始めたサブプライムローンの焦げ付きによって、大手投資銀行のリーマン・ブラザーズが2008年9月に経営破たんした。この「リーマン・ショック」は日本にも甚大な影響を及ぼした。日経平均株価の大幅な下落、輸出の落ち込みによって、日本を代表する大企業が軒並み赤字に転落。非正規雇用の状況悪化は深刻な社会問題となった。（2分20秒）

TRACK 2-12
p.116~

PART V The Great East Japan Earthquake

リーマン・ショック後の急激な景気悪化からようやく回復しかけていた矢先、2011年の3月11日に東日本大震災が発生した。被害が深刻だった東北地方は重要な部品や素材工場の集積地だったため、サプライチェーンが寸断され生産活動は停滞した。また、消費意欲の低下や自粛ムードによって個人消費も大幅に減少した。震災が日本経済にもたらした打撃は大きかった。（1分55秒）

TRACK 2-13
p.118~

PART V Abenomics

東日本大震災後の混乱が続く2012年、第二次安倍内閣が発足。安部首相はデフレからの脱却を目指す経済政策「アベノミクス」を打ち出し、「三本の矢」による日本経済の立て直しを図った。2013年3月には日銀が大胆な金融緩和に踏み出し、円安が一気に進んだことで製造業を中心に企業業績は大きく改善した。しかし、積極的な財政政策は国と地方に大きな借金を残した。（3分7秒）

TRACK 2-14
p.121~

PART V Inbound Tourism

政府は経済活性化策の一つとして、訪日外国人観光客（インバウンド）の拡大を進めてきた。少子高齢化による国内消費の減少をカバーする狙いがあった。本項で解説する様々な施策が成果を上げ、2019年にはインバウンドが3188万人に達し、旅行消費額は4兆8000億円超まで膨らんだ。インバウンドの日本経済への貢献は非常に大きなものとなっている。（2分36秒）

TRACK 2-15
p.124〜

PART V Overconcentration in Tokyo

日本経済の課題の一つが、東京や首都圏への一極集中だ。国全体の人口が減少を続ける中、東京への人口や中枢機能の集中が進むことで地方の過疎化、衰退がさらに深刻になり、災害時の危険性も高まっている。安倍政権は「地方創生」を掲げて是正に取り組んだが、いまだ東京圏は転入超過が続く。首都機能の分散やテレワークの推進など、一層の取り組みが求められる。（2分12秒）

TRACK 2-16
p.127〜

PART V The Growth of Inequality

バブル崩壊後の不況が長引いた日本では、貧富の差が拡大し、格差社会が生まれていると指摘されるようになった。産業構造の変化や非正規雇用の増加、高齢者の増加、ひとり親世帯の増加などが要因といわれている。所得の格差は教育の格差につながり、それが将来の所得にも影響して、貧困とそこから生じる格差が何世代にもわたって連鎖する可能性もあるのだ。（2分49秒）

TRACK 2-17
p.130〜

PART V A Society with the Active Participation of Women

総人口も生産年齢人口も減少し続ける日本が労働力を確保し、経済を活性化していくには、働くことを希望する女性に十分な活躍の場が与えられることが必要だ。政府は2016年に「女性活躍推進法」を施行。社会のあらゆる分野で指導的地位に占める女性の割合を30%程度にすると目標を掲げたが、国家公務員や民間企業の女性管理職の割合は依然として低い水準にある。（2分38秒）

TRACK 2-18
p.133〜

PART V The Ravages of Covid-19

2020年、新型コロナウイルスが世界的に大流行し、日本経済にも甚大な影響が及んだ。商業施設の休業やイベントの中止、不要不急の外出自粛によって個人消費は減少。輸出も滞り、インバウンド消費もほぼ消滅した。失業・所得減少した世帯の拡大、企業の倒産も相次ぎ、日本経済の低迷は長期化が不可避だ。感染拡大の抑制と経済・社会活動の両立を模索する必要がある。（4分49秒）

Foreword

TRACK 1-1 This book explains the basics of the Japanese economy in simple English.

It first looks back at the history of the Japanese economy from the end of World War II. It starts with Japan's recovery from ruin after the war. It then shows how Japan became an economic superpower through rapid economic growth. Next, it covers the "bubble economy" and the collapse of the bubble. Finally, it analyzes the stagnation that followed.

The book also describes the structure of the Japanese economy. It sums up the features of Japanese corporate management (or the "Japanese-style management system"). It looks at the role of the bureaucrats who supported Japan's rapid economic growth. And it examines the major industries of Japan and explains why they are highly competitive in the world market.

The book also examines the position of the Japanese economy on the world stage. It examines issues that have caused political and social problems, such as moving factories overseas to cope with strong trade friction and the rising yen exchange rate.

I explain the current state of the Japanese economy and the various problems it is facing. I underline how the economy—with challenges that include huge fiscal deficits, a decreasing birthrate and an aging population, and environmental problems—finds itself at a major turning point. I also examine various policies designed to address these problems.

Last of all, I look at trends in the Japanese economy since the start of the 21st century. I explain the impact of the structural reforms of the government of Junichiro Koizumi, the

2008 financial crisis, and the 2011 Great East Japan Earthquake on the Japanese economy. I also touch upon the economic policies (known as Abenomics) that were put in place by the government of Shinzo Abe, and the pandemic of 2020.

I wrote this book about topics that often come up in newspapers, in magazines, and on television news. It should be easy to read even for people who have never studied economics, who know nothing about the basics of economics, or who have stayed away from the subject because it is not "their thing." People who know some economics will learn how to better express economic concepts in English and master English economic terms.

The economy has a great impact on our everyday lives. I hope that reading this book will help increase your familiarity with and interest in the Japanese economy.

Kayo Kobayashi

PART ONE:
A Brief History of the Japanese Economy

読みはじめる前に
目を通しておくと、この章が読み
やすくなる経済用語です。

agricultural and land reform	農地改革
Bank of Japan（BOJ）	日本銀行，日銀
basic industry	基幹産業
capital investment	設備投資
central bank governor	中央銀行総裁
company men	会社人間
consumer durable	耐久消費財
coordinated intervention	協調介入
dollar-denominated assets	ドル建て資産
economic boom	好景気，好況
economic superpower	経済大国
Economic White Paper	経済白書
finance minister	財務大臣，大蔵大臣
financial institution	金融機関
five advanced nations	先進5カ国（G5）
foreign exchange market	外国為替市場
gross national product（GNP）	国民総生産
Income Doubling Plan	所得倍増計画

Iwato Boom	岩戸景気
Izanagi Boom	いざなぎ景気
Jimmu Boom	神武景気
Labor Standards Law	労働基準法，労働三法
land myth	土地神話
land-holding tax	地価税，土地保有税
land taxation	土地税制
Lost Decade	失われた10年
mass-production	大量生産
Minamata Disease	水俣病
national income	国民所得
Nikkei Stock Average	日経平均株価
Nixon Shock	ニクソン・ショック
official discount rate	公定歩合
oil crisis	オイルショック，石油危機
passionate salaried employees	猛烈社員
personal consumption	個人消費
Plaza Accord	プラザ合意
postwar reconstruction	戦後復興
rapid economic growth	高度経済成長
savings rate	貯蓄率
three excesses	3つの過剰。 　　excess capital investment（過剰設備投資）， 　　excess employment（過剰雇用）， 　　excessive debt（過剰債務）
three sacred treasures	三種の神器。テレビ，洗濯機，冷蔵庫のこと。
U.S. government bond	米国債
white-collar worker	サラリーマン，事務系の仕事をする人
Yom Kippur War	第四次中東戦争，ヨーム・キップール・ウォー

Postwar Reconstruction

TRACK 1-2 Defeat in World War II hit Japan hard. Repeated air raids destroyed factories and production facilities and nearly annihilated industry.

After the war, the policies of the Allied Occupation Army set Japan on the road to reconstruction and democratization. The first step the Occupation Army took was to break up the *zaibatsu* (like Mitsui and Mitsubishi), which had controlled the prewar Japanese economy. Secondly, it implemented agricultural and land reforms to establish an owner-farmer system. Thirdly, it enacted the Labor Standards Law to help democratize labor.

The Priority Production System was one

policy that helped the postwar Japanese economy recover. This system directed Japan's limited capital and resources into the production of primary materials. These primary materials served as an engine for the whole economy. The Priority Production System first targeted basic industries such as coal, iron and steel, and then other industries such as food and fertilizer.

The Korean War broke out in June 1950 and lasted until July 1953. During the war, Japan received large orders from the U.S. Army for blankets, trucks, steel, and other war materials. As a result, Japan's exports grew rapidly.

These special orders for Korean War goods started the full recovery of Japan's economy. All the economic indices, such as industrial production, personal consumption, private-sector investment, and the gross national product (GNP), returned to their prewar levels. Now the process of recovery from the postwar chaos was almost complete. The economy was entering into a rapid growth period.

The 1956 Economic White Paper declared: "The postwar period is now over."

Rapid Growth

TRACK 1-3 After the postwar recovery, the Japanese economomy grew strongly from the mid-1950s to the early 1970s. This rapid growth was due to a large supply of cheap, high-quality labor, a high savings rate, and a strong drive by corporations to invest.

Soon after becoming prime minister in 1960, Hayato Ikeda announced the Income Doubling Plan. Under the plan, economic growth of around 9% for 10 years would result in a doubling of GNP and national income. In fact, the economy grew at an average of 10.9%, well above the Ikeda target. Japan was on the road to becoming an economic superpower.

In 1964, Tokyo held the Olympic Games. Development for the games included the Tokaido bullet train and the expressways. In 1968, Japan's GNP ranked No. 2 in the world. The hardworking white-collar workers, often called "company men" (*kaishaningen*) or "passionate salaried employees" (*mouretsushain*), were one reason behind this high economic growth.

During the period of rapid economic growth, there were several large-scale economic booms. The Jimmu Boom (1955–1957) and the Iwato Boom (1958–1961) were driven mainly by capital investment from the heavy-chemicals industry. In contrast, exports of Japanese goods drove the next boom: the Izanagi Boom of 1965–1970.

During the period of rapid economic growth, consumer durables became more widespread thanks to a fall in prices brought about by mass production. In the late 1950s, the television, washing machine, and refrigerator were called the "three sacred treasures" of consumer products. In the late 1960s, the car, the color television, and the air conditioner (the three Cs) became the "three *new* sacred treasures."

However, pollution-related problems, such as Minamata Disease and Itai-Itai Disease in the late 1960s, showed that rapid economic growth had its negative side, too.

In 1971, U.S. President Nixon stopped the convertibility of the U.S. dollar into gold. This

Fig. 1-1 Changes in real GDP rate (%)

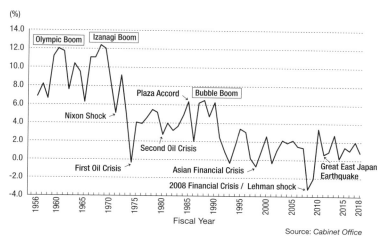

Source: *Cabinet Office*

was called the "Nixon Shock." This forced the yen exchange rate up. Next, the 1973 Yom Kippur War in the Middle East started the first oil crisis and caused the price of oil to rise. These external shocks brought Japan's rapid growth to an end. The economy grew at slower and steadier rates from this point on.

The Bubble Economy

The boom of the late 1980s and early 1990s was driven by a bubble caused by speculative fever in real estate and stocks, known as the "bubble economy."

The 1985 Plaza Accord triggered the bubble economy. Finance ministers and central bank governors of the five advanced nations (G5) assembled for the Plaza meeting at the request of the United States, which was suffering a trade deficit brought about by the strong dollar. At the meeting, the G5 leaders agreed that participating countries would carry out coordinated intervention in the foreign exchange markets to bring the value of the dollar down.

As a result of the Plaza Accord, the yen appreciated rapidly. On the Tokyo market, the yen had been trading at 242 yen to the U.S. dollar prior to the Plaza Accord. By the end of 1985, the yen had become so strong that it passed the 200-yen-to-the-dollar level. The appreciation of the yen created a foreign-exchange loss in dollar-denominated assets such as U.S. government bonds. This drove capital back to Japan where there was no foreign-exchange risk. The official discount rate was lowered five times by February 1987 in order to help the competitiveness of domestic exporters and manufacturers, which had fallen due to the strong yen. The official discount rate hit 2.5%. This was the lowest level since the end of World War II.

This process led to a boom in domestic investment in real estate and stocks. Stock and land prices both rose, but land prices rose particularly high because of the "land myth"—the belief that land prices would never fall. Banks expanded their loans with land as collateral. The rise in the value of assets and the resulting unrealized profits only encouraged individuals and corporations to invest more. Land-sharking became a social problem and the mad buying of overseas assets caught a lot of public attention.

Fig. 1-2 Changes in USD/JPY

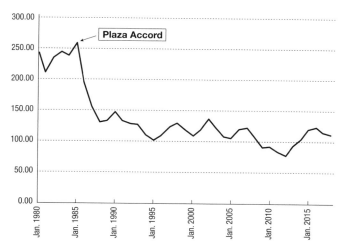

The Lost Decade

Japan's bubble economy collapsed at the start of the 1990s. The government and the Bank of Japan (BOJ) caused the collapse by trying to cool the bubble down.

In 1989, the Bank of Japan changed to a tight-money policy and, in 1990, raised the official discount rate to 6%. Also in 1990, the Ministry of Finance requested that banks restrict their financing of property assets and the government introduced a new system of land taxation (including a land-holding tax) in hopes of destroying the "land myth." The Nikkei Stock Average and the price of land fell from their highs in December 1989 and autumn

1990, respectively.

After the bubble, the Japanese economy entered a long period of stagnation. The economy picked up several times during the 1990s, but a full recovery never happened.

Financial institutions ended up with very large levels of non-performing loans as a result of the collapse in share prices and land values. Corporations suffered from the "three excesses": excess capital investment, excess employment, and excessive debt. Corporate earnings fell, the government budget situation got worse, and unemployment rose. It was one gloomy piece of news after another.

Though the government did not officially accept the fact, the Japanese economy had fallen into a deflationary spiral: a vicious circle where falling corporate profits lead to declining capital investment, falling employment, falling wages, stagnating consumption, and then to further declines in corporate profits.

Government negligence and the failure of

government economic policy (such as putting off dealing with the non-performing loan issue) were major causes of the prolonged economic

TRACK
1-6

Non-Performing Loans

During the bubble period, banks lent out vast amounts of money to companies, taking land and stock as collateral. However, once the bubble collapsed and the economy stagnated, many companies started experiencing financial difficulties. They were unable to repay even the interest on their loans, let alone the principal. Because of the drop in value of this land and stock, banks were unable to recover their loans. Thus, banks ended up with huge amounts of non-performing loans on their books. According to a 2002 statement from the Financial Services Agency, the total value of non-performing loans held by banks was 43.2 trillion yen.

Non-performing loans became a drag on the Japanese economy and how to dispose of them became a major political issue. The government instructed banks to conduct a strict "self-assessment" of their assets and keep sufficient reserves to cover any losses. On their stagnation. This period is called the "Lost Decade."

accounting sheets, banks had to calculate expected losses for three types of borrowers: (1) "borrowers likely to go bankrupt," (2) "effectively bankrupt borrowers," and (3) "actual bankrupt borrowers." The banks were legally required to keep reserves for loan losses based on the categories of borrowers of non-performing loans. The Japanese tax code does not allow banks to write off loans unless a company actually goes bankrupt, and thus, the increase in reserves required for loan losses reduced the profitability of banks.

In this way, the non-performing loan problem was gradually solved. The balance of non-performing loans, which stood at 17.9 trillion yen in 2005, shrank to 13.3 trillion yen in 2006. As the banks began to dispose of their non-performing loans, the Japanese economy finally began to show signs of revival and to emerge from a long slump.

PART TWO: Structure of the Japanese Economy

読みはじめる前に
目を通しておくと、この章が読み
やすくなる経済用語です。

administrative guidance	行政指導
board of directors	取締役会
capital trading practice	資本取引慣行
client company	取引先
community with a shared destiny	運命共同体
company labor union	企業組合
corporate financing	企業金融
cross-shareholdings	（企業間の）株式持ち合い
deregulation	規制緩和，自由化
digital consumer electronics	デジタル家電
direct financing	直接金融
electrical machinery	電気機械
electronics technology	エレクトロニクス技術
equity ratio	自己資本比率
export industry	輸出産業
go bankrupt	倒産する
governance function	ガバナンス機能

growth industry	成長産業
indirect financing	間接金融
industrial policy	産業政策
"intelligent" consumer electronics	情報家電
"just-in-time production" system	ジャスト・イン・タイム方式
kanban system	カンバン方式
labor issue	労働問題
lifetime employment	終身雇用
main bank system	メインバンクシステム
management system	経営管理システム
manufacturer	製造業者，メーカー
Ministry of Economy, Trade and Industry (METI)	経済産業省
Ministry of Finance (MOF)	財務省，大蔵省
Ministry of International Trade and Industry (MITI)	通商産業省，通産省
natural resource	自然資源，天然資源
personnel system	人事制度
processing trade	加工貿易
production management system	生産管理システム
production process	生産工程
production system	生産システム
raw material	原材料
retirement	(定年)退職
seniority system	年功序列制度
silent shareholder	物言わぬ株主，サイレント株主
trade liberalization	貿易自由化

One: Lifetime Employment, the Seniority System, and Company Labor Unions

TRACK 1-7 There are some unique features of Japanese corporations that lie behind the economy's strong development after World War II, such as lifetime employment, the seniority system, and company labor unions. These are sometimes called the "three sacred treasures" of the Japanese management system.

Lifetime employment means that employees are hired straight after graduation and continue to work at the same company until retirement. Employees have no worries about losing their jobs, so they can feel secure and focus on their work.

The seniority system means that staff are

promoted and receive pay increases based upon their length of service at a company. This encourages employees to stay with the company for the long term. Since they are not exposed to excessive competition within the company and their conditions improve steadily every year, workers usually choose to stay at the same company.

In the chaos after World War II, Japanese corporations experienced a serious labor shortage. As a result, a variety of new personnel systems were implemented in an effort to retain workers. The lifetime employment and seniority systems were two of these.

There was a family-like harmony at the Japanese corporation. The company and the employee held deep feelings of trust for each other. Employees developed a sense of loyalty and love for their company. This, in turn, motivated them to work hard. Companies fostered a sense of belonging to the group that led to successful teamwork. This teamwork had a very positive effect on corporate results.

On top of this, Japanese employees organized into company labor unions. This meant that union members would lose their jobs if the company they worked for went bankrupt. That is why labor disputes never got out of control (except for during a brief period after the war). Labor issues were dealt with in a manner suited to the situation at each individual company and labor-management relations were basically harmonious.

As a result of the "three sacred treasures," the Japanese company and its employees formed a "community with a shared destiny." The strong bond between management and employees contributed a great deal to corporate growth and the development of the Japanese economy as a whole.

The Japanese Management System
Two: Cross-Shareholdings

Cross-holding shares is a capital trading practice unique to Japan. As a result of the postwar breakup of the *zaibatsu*, large amounts of *zaibatsu* shares were released onto the market and there were many corporate takeovers. In self-defense, companies "cross-held" each other's shares. Financial institutions like banks, non-financial companies, and other companies with close business relationships, held each other's shares to try to keep a stable shareholding structure.

Particularly among manufacturers, it became common to form *keiretsu*. These are vertically integrated industrial groupings based on cross-shareholding. A company would group itself with its most important trading partners to maintain long-term trading relationships. Within the *keiretsu*, companies would jointly develop products and collaborate on production processes, thus achieving high quality at low cost.

The *keiretsu*'s loyal shareholders never complained about the company's management policy even when the company's results were poor and dividends low. That is why they were called "silent shareholders." Since "silent shareholders" never sold their shares, the overall number of floating shares on the market was low. This stopped stock prices from ever falling too much.

Other countries attacked the cross-shareholding system for being "closed" and "not transparent." The system gradually started to come apart in the 1990s. The movement to sell off cross-held shares and take profits has been particularly common among financial institutions, which have been eager to improve their deteriorating earnings and strengthen their equity ratios.

Fig. 2-1 Cross-Holdings as a Percentage of Market Capitalization of Japanese Stocks

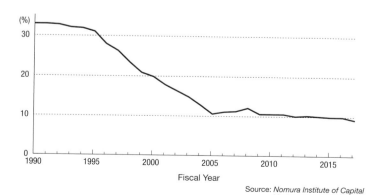

Fiscal Year

Source: *Nomura Institute of Capital Markets Research*

The Japanese Management System

Three: The Main Bank System

TRACK 1-9 Japanese corporate financing depends a great deal on bank loans or indirect financing. The "main bank" system is one of the main features of Japan's indirect financing system.

A main bank fulfills the following conditions. It is the main provider of loans to a client company. It is a major shareholder in the client company. And it has a direct, personal relationship with the client company and often supplies the client company with executives and other staff.

Main banks take on the role of governance and keep an eye on the management of their client companies. In most cases, a Japanese company's board of directors is made up of senior staff that have been promoted from within the organization. The other major shareholders are "silent shareholders" and let the main bank run the company.

In this context, the main bank plays an extremely important role. If its client company has financial problems, the main bank increases oversight, takes over the company's management, and directs the restructuring of the company. Because companies work hard to avoid this sort of intervention by the main bank, the main bank system encourages efficiency in management. And, since main banks take a leading role in rescuing companies in crisis by offering emergency loans, they help the financial stability of Japan, too.

Recently, questions have been raised about the effectiveness of the "main bank" system. Particularly at big companies, the level of direct financing from capital markets is rising while cross-shareholding is decreasing. As the governance function of the main banks shrinks, the importance of active governance by shareholders has greatly increased.

Four: Kanban and Kaizen

TRACK
1-10

Japanese industry has become internationally competitive as a result of daily efforts and innovations to improve the production process. The most famous examples of these are kanban and kaizen. Both originated in Toyota Motor's production management system.

The kanban system is also called the "just-in-time production" system in English. It works like this. A worker slips a plate (called a *kanban*) in between the stock of parts piled up for production. The mold number of the part, its name, and the quantity needed are written on the plate. As the parts get used, the plate rises to the top of the pile. When the worker sees the plate, he sends it to the parts manufacturer as if it were an order slip. By getting parts and materials in the precise quantity, exactly when they are needed, stocks of parts and products can be kept at the lowest level possible.

Kaizen means continuously working to produce cheaper, higher-quality products and deliver them on time. Workers suggest and help implement ways to get rid of excess burden, waste, and inefficiency in the production process. One small improvement after another gradually leads to huge improvements in final results.

Toyota started the practices of kanban and kaizen, but many other Japanese companies have since adopted the same methods. Now, kanban and kaizen have become standard production management methods in Japan. The Japanese manufacturing industry has become internationally competitive because of efficient production systems like these that help produce high-quality products at low cost.

Bureaucrats and the Private Sector

TRACK
1-11 Government industrial policy played a very important role in helping Japan's economy achieve high growth.

After World War II, the government implemented an economic planning policy with the aim of reviving and strengthening Japan's productive power. The government rationed important business resources such as raw materials and capital, giving priority to core industries like coal, iron and steel, and electric-power generation. The government also directed the industrial revival by limiting market competition, giving administrative guidance, and implementing other policies.

MITI (the Ministry of International Trade and Industry, now called METI, the Ministry of Economy, Trade and Industry) decided which industries were strategically important and implemented policies to develop these behind protective barriers. The Ministry of Finance (MOF) provided financial support to these industries.

In the rapid growth period of the 1960s, strategic industries shifted to consumer durables such as automobiles and home appliances. In the 1980s, these changed again—to computers, semiconductors, and electronics.

Government policies had a strong influence on corporate activity. There was a popular theory that Japan functioned like a single, huge company (and Japan was sometimes referred to as "Japan Inc.").

Japanese industries that became competitive through protective development policies and close government cooperation increased exports, particularly to the United States. This helped the Japanese economy achieve rapid growth.

The present wave of trade liberalization and deregulation has increasingly limited the role of industrial policy.

The Growth of World-Leading Industries

Defeat in World War II hit Japan hard. Because Japan had few natural resources, it had to develop its economy through what is called the "processing trade." The processing trade involves importing raw materials, processing them at home, and then exporting them as finished products. At present, Japan is the world leader in the production of automobiles, electrical machinery, and appliances, which are types of processing trade.

Japan's automobile industry passed the United States in production-unit terms in 1980 to become No. 1 in the world. The first oil crisis helped Japan's auto industry by creating more demand for small, fuel-efficient cars in the United States. As Japanese cars became more popular, exports grew.

Japan's production system (as represented by Toyota Motors' kanban and kaizen systems) was highly productive and helped introduce new models with shorter lead times. Japanese cars became known for high quality at low cost.

Fig. 2-2 Changes in Export Value by Major Industry Sectors

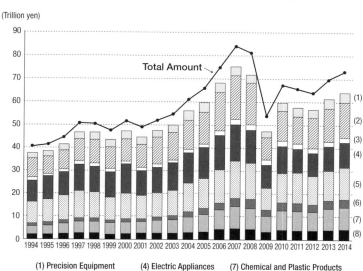

(1) Precision Equipment
(2) Automotive
(3) Transportation Machinery
(4) Electric Appliances
(5) General Machinery
(6) Iron and Steel
(7) Chemical and Plastic Products
(8) Others

Source: *Ministry of Economy, Trade and Industry*

The success of the industry had a huge impact on the Japanese economy at large because the auto industry is a key industry with a wide network of smaller automobile-related industries.

Electrical machinery and appliances also contributed to the development of the Japanese economy. After the war, electronics technology originally developed for the military was switched to civilian use in products like radios and televisions. In addition, new technology was imported from abroad. The electrical goods business grew because the Japanese had a natural talent for turning technology to consumer-product purposes. This let them mass-produce high-quality, low-priced products.

In the domestic market, booms in the production of the "three sacred treasures" and pocket calculators increased demand for home electric appliances and electronic components. Exports rose too, and Japanese-made electric appliances and audio-visual products like televisions and radios enjoyed a large market share worldwide. Japan introduced original products as well, like the Sony Walkman. Digital consumer electronics and "intelligent" consumer electronics were seen as new growth areas. There was fierce R&D competition among the different electronics companies.

New Growth Industries: Video Games, Comics, and Cartoons

TRACK 1-13 Video games, comic books (*manga*), and cartoons (*anime*) have become Japan's major new export industries. Japan reportedly makes about 60% of the cartoons now being broadcast on television worldwide.

Dragon Ball and *Pokémon*, for example, which were first broadcast in the United States, went on to become worldwide hits. *Doraemon* remains a long-term favorite. *Spirited Away*, a feature-length animated film directed by Hayao Miyazaki, won global acclaim. Meanwhile, in the video game industry, Japanese companies like Sony Computer Entertainment and Nintendo are major trendsetters.

The Japanese video game, comic book, and cartoon industries are closely connected. Japanese comic book production boomed in the 1960s. Cartoons developed from comic books grew with the spread of television and VCRs. Home video games made their debut in the 1980s and grew rapidly during the 1990s with the evolution of personal computers. As game machines and software grew more sophisticated, they reached every corner of the world. Today, Japanese companies hold the majority of the world market for these goods.

Japanese video games, comic books, and cartoons are imaginative, emotionally sophisticated, and technologically advanced. Their variety has increased because of intense competition in the domestic market. This also explains why they have won such broad success outside Japan.

PART THREE:
Japan in the International Economy

読みはじめる前に
目を通しておくと、この章が読み
やすくなる経済用語です。

advanced nation	先進国
chemical products	化学製品
competitiveness	競争力
division of labor	分業体制
domestic consumption [demand]	国内消費, 内需
Economic Partnership Agreement (EPA)	経済連携協定
exchange rate	為替レート
exchange-rate risk	為替リスク
export-led economy	輸出主導型経済
finished goods [products]	完成品
hollowing out of industry	産業の空洞化
increasing domestic demand	内需拡大
interest rate	金利, 利率
international competitiveness	国際競争力
Japan-U.S. Framework for New Economic Partnership	日米包括経済協議

political issue	政治問題
rate of real economic growth	実質経済成長率
return of Okinawa to Japan	沖縄返還
semiconductor	半導体
strong dollar	ドル高
strong yen	円高
strong-yen recession	円高不況
Structural Impediments Initiative （SII）	日米構造協議
subcontractor	下請業者
tariff	関税（率）
textile industry	繊維産業
torrential exports	集中豪雨的輸出
trade deficit	貿易赤字
trade friction	貿易摩擦
trade problem	貿易問題
trade surplus	輸出超過額
trading partner	貿易相手国
Trans-Pacific Partnership（TPP）	環太平洋パートナーシップ協定
high-value-added	高付加価値の，付加価値の高い
weak dollar	ドル安
weak yen	円安

The Export-Led Economy

TRACK 1-14 Until the mid-1980s, Japan achieved economic growth through an export-led economy. After the war, the government made efforts to raise the international competitiveness of Japan's manufacturing sector through industrial policy and other measures. Since Japan has few natural resources, the aim was to develop the economy through the "processing trade." The processing trade is the business of importing raw materials, processing them, and then exporting them as finished products.

Japanese low-priced, high-quality products made big inroads into foreign markets, particularly the United States. During the period of rapid economic growth, Japanese exports grew twice as fast as world exports on average. At first, Japan's main exports were textile products. Gradually, exports changed to large-scale heavy industrial and chemical products like iron and steel and shipbuilding materials. Exports then shifted to machinery, electronic equipment, automobiles, and home electronic appliances.

Japanese exporters focused a great deal of energy on a specific product type for a very short period of time. Thus, importing countries sometimes called Japanese exports "torrential exports." Trade friction sometimes resulted when these exports damaged the industries of importing countries. As Japan's international competitiveness rose and its exports expanded, trade problems became a political issue.

Trade Friction

TRACK
1-15 Trade friction caused by huge trade surpluses became a serious problem, particularly with the United States.

Textiles were the first trade issue to cause problems between Japan and the United States. The American textile industry was suffering as a result of increasing competition from imported Japanese textiles and so the U.S. government asked Japan to restrict the export of textiles. The two governments coordinated over the issue and settled the dispute after Japan imposed voluntary export controls in exchange for the return of Okinawa to Japan in 1972.

In the 1970s, exports like iron and steel,

televisions, VCRs, and machine tools caused more trade friction. In the 1980s, the focus was on cars and semiconductors. At one time, Japan alone accounted for one quarter of the U.S. trade deficit.

Various measures were taken to reduce trade friction. The Plaza Accord was signed in 1985. This led to a realignment of the currency exchange rates between advanced nations. As a result, the dollar fell and the yen rose. In 1988, imports of beef and oranges were liberalized, and the drive to open up Japanese markets broadened. In 1989, the Structural Impediments Initiative (SII) was launched to further open Japanese markets to foreign products. In 1993, SII was renamed the Japan-U.S. Framework for New Economic Partnership and involved discussions on the deregulation of Japan and the further opening of Japanese markets.

The Strong Yen and Overseas Production

In September 1985, the Plaza Accord was signed. As a result, there was a sudden change from a strong dollar and weak yen to a weak dollar and strong yen. The exchange rate, which was 242 yen to the dollar before the Plaza Accord, rose to 200 yen to the dollar by the year-end. By the beginning of 1988, it had reached 128 yen to the dollar.

Because of the rapid rise in the yen's value, Japan fell into a strong-yen recession. The rate of real economic growth fell from 5.2% in 1985 to 2.6% in 1986. In yen-based terms, exports dropped significantly and the export and manufacturing sectors lost competitiveness.

To deal with the rise of the yen, the government implemented a policy of increasing domestic demand by lowering interest rates. The official discount rate was cut five times by February 1987, from 5% originally to 2.5%, the lowest rate in the postwar period. This easy-money policy stimulated investment in plant and information technology.

At the same time, since the rise of the yen made it harder for companies to manufacture

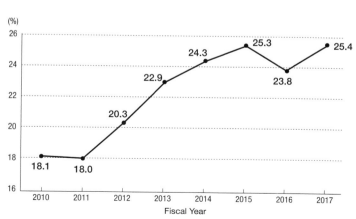

Fig. 3-1 Overseas Production Ratio in Manufacturing (based on all domestic corporations)

Source: *Ministry of Economy, Trade and Industry*

and export from Japan, they started moving their factories overseas. Switching to local production in foreign countries was an attempt to avoid exchange-rate risk. Moving factories overseas was not limited to major manufacturers of finished goods but also included parts suppliers and subcontractors.

As the manufacturing sector moved more and more factories overseas, the "hollowing out of industry" meant shrinking domestic production and falling employment.

The Rise of China

TRACK 1-17 The Chinese economy continues to develop at an extremely rapid pace and China is becoming an ever more important trading partner for Japan. China became Japan's largest trading partner for the first time in 2004, with total trade (the combined value of imports and exports) hitting 22.2 trillion yen. (Japan's total trade with the United States in the same year was 20.48 trillion yen.) China has remained Japan's largest trading partner ever since. Japan is China's second-largest trading partner after the United States and Japanese businesses have more overseas outposts in China than in any other country. The economic relationship between the two countries is a very tight one.

China's domestic consumption continues to grow. The Chinese market is an enormous market that Japanese businesses must seek to address. In recent years, Japan has been exporting all sorts of things to China. As well as high-value-added finished goods, Japan is exporting raw materials, high-tech components and manufacturing equipment. China is assembling these to increase its own exports of finished goods. You might say that Japan and China have between them established their own structural division of labor.

With the growth of the Chinese economy, the number of Chinese tourists visiting Japan has risen. The number of Chinese visitors to Japan outstripped the number of Japanese visitors to China for the first time in 2015. Accounting for 30% of all foreign visitors to Japan, Chinese tourists represent the largest single group. Chinese tourists can be seen buying vast quantities of Japan-made goods all around the country in a phenomenon known as *bakugai* (explosive buying).

There are occasional flare-ups in the relationship of the two countries caused by such things as territorial disputes and the "history problem" (different interpretations of history), but in purely economic terms China will remain an important country for Japan. The economic interdependence of the two countries is only deepening.

Fig. 3-2 Changes in the Composition of Major Regions in Japan's Total Trade

Source: *Japan External Trade Organization (JETRO)*

Economic Partnership Agreements (EPAs)

TRACK 1-18 From the 2000s, Japan has taken a proactive approach toward signing economic partnership agreements (EPAs). Since it concluded its first EPA with Singapore in 2002, Japan now has EPAs with 18 countries and regions, chiefly in ASEAN countries.

An EPA is an agreement designed to broaden and strengthen the economic relationship between two or more countries by promoting the liberalization and streamlining of trade and investment. With the signing of an EPA, exporting companies can expect to maintain or reinforce their export competitiveness through the introduction of measures such as tariff reduction. EPAs establish an environment that make it easy for companies with investment assets overseas or that provide services overseas to further develop their business.

The EPA that garnered the most attention was the Trans-Pacific Partnership, or TPP. Negotiations were conducted between a total of 12 countries including Australia, Brunei, Canada, Chile, Malaysia, Mexico, New Zealand, Peru, Singapore, the United States and Vietnam, in addition to Japan. The Trump administration announced that the United States would withdraw in 2017, but the remaining 11 countries continued to negotiate and the TPP-11 came into effect in 2018.

As a result of the agreement, tariffs are being eliminated for 82.3% of all categories of agricultural produce and, eventually, for 99.9% of categories of industrial products. Together the 11 countries, which have around 500 million people, account for roughly 6% of the world's population. Meanwhile, their combined

GDP is equivalent to 13% of global GDP. The advantage for Japan is that it can enjoy the profits that result from the economic growth of the signatory countries, first and foremost the fast-growing countries of Southeast Asia. The Japanese government reckons that the TPP-11 will boost Japanese GDP by 7.8 trillion yen annually and lead to the creation of jobs for 460,000 people.

PART FOUR:
The Japanese Economy at a Turning Point

読みはじめる前に
目を通しておくと、この章が読み
やすくなる経済用語です。

aging society	高齢化社会
asset deflation	資産デフレ
birth rate	出生率
budget deficit	財政赤字
central government	中央政府
convoy system	護送船団方式
corporate profit	企業収益
credit risk	信用リスク
deflation	デフレーション
deflationary spiral	デフレスパイラル
destruction of the ozone layer	オゾン層破壊
financial product	金融商品
fiscal reform	財政改革
fiscal stimulus package	財政刺激策
global warming	地球温暖化
government bond	国債

government deficit	財政赤字, 政府赤字
greenhouse gases	温室効果ガス
human resources	人材, 人的資源
Japan premium	ジャパン・プレミアム
Japanese Big Bang	日本型ビッグバン
Kyoto Protocol	京都議定書
liquidity risk	流動性リスク
local government	地方自治体, 地方政府
non-performing loans	不良債権
non-tariff barrier	非関税障壁
oversupply	供給過剰
Paris Agreement	パリ協定
price destruction	価格破壊
price war	値下げ競争, 価格競争
private sector	民間企業 [部門]
redemption	償還
social security system [program]	社会保障制度
stagnation	停滞, 低迷
subsidiary company	子会社, 系列会社
subsidy	助成金, 補助金
tax revenue	税収, 歳入
tax sources	税源
triple reform	三位一体の改革

Deflation

TRACK
2-1 The Japanese economy fell into deflation in the second half of the 1990s and proved unable to conquer it for the next 20 years. Japan is the only country to have experienced such long-term deflation in the postwar period.

Japan's deflation is the result of asset deflation. The fall in stock prices and property values brought on by the collapse of the bubble economy caused this asset deflation, which gave birth to banks' non-performing loans. The banks were unable to deal with their bad loan problem fast enough and the economy soon fell into a vicious circle of financial trouble.

At the same time, there was also general price

deflation. This was the result of oversupply caused by excess capital investment during the bubble period and the fall in consumption after the collapse of the bubble.

In the mid-1990s, the term "price destruction" was much in fashion. There was a rapid increase in the number of new businesses using low prices as a sales weapon, such as for men's clothing, home appliances, and food. When existing businesses fought back, a price war broke out. This caused a further fall in prices. Also, as China's economy grew, Japan started to feel the effects of deflation caused by cheap "made-in-China" products. Great quantities of low-priced goods produced in China with its cheap labor costs were imported into Japan, causing the trend in falling prices to get worse.

The Japanese economy was caught in a deflationary spiral, a vicious circle of falling corporate profits, falling capital investment, falling employment, falling wages, and stagnant consumption.

Government Deficits

After the bubble's collapse, the Japanese economy went into long-term stagnation. There was a fall in corporate profits and a decline in tax revenues. In addition, Japan's budget balance worsened significantly as a result of repeated government fiscal stimulus packages designed to bring the economy back to life. Japan now has the largest budget deficit among developed economies.

Numerous economic indicators underline the seriousness of the government's fiscal deficit. Government bond issuance is rising. Japanese government debt is expected to hit 932 trillion yen at the end of fiscal 2020. This is the equivalent of 15 years' worth of tax receipts. In the fiscal 2020 budget, the ratio of dependence on government bonds rose to 31.7%. Interest payments and government bond redemption accounts for nearly 20% of the general account.

When the debts of regional authorities are factored in, total public sector debt rises to 1,125 trillion yen. One statistic often used in international comparisons is government debt (of central and local governments) expressed as a ratio of GDP. At the fiscal 2020 year-end, Japan's ratio is expected to be somewhere in excess of 200%, overwhelmingly the highest level among developed nations.

The government has finally recognized it has to deal with the worsening budget deficit. It is now moving ahead with fiscal reforms, such as the current "triple reform." The goal of the triple reform is to transfer tax sources from the central government to the local level and reduce subsidies and tax grants from the central government. The government is also trying to revitalize the economy through measures such as deregulation and structural reform, because a revitalized economy means increased tax revenues.

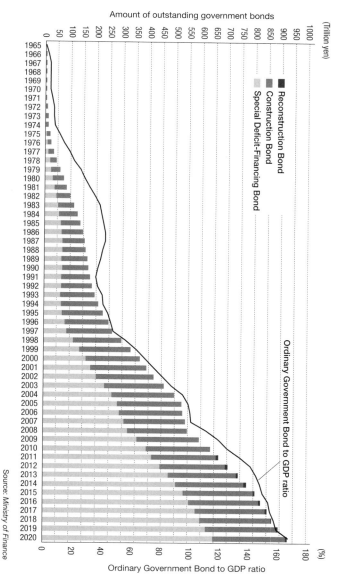

Fig. 4-1 Changes in Outstanding Government Bonds

Source: Ministry of Finance

Reform of the Financial System

TRACK 2-3 After the war, the Japanese financial system developed under the guidance of the powerful Ministry of Finance. In order to nurture and protect all financial institutions, the Ministry introduced regulations designed to make sure that even the weakest banks would survive. This policy was called the "convoy system." Decades later, when other countries around the world began implementing financial reforms, Japan fell behind. These countries liberalized interest rates and financial products and removed barriers between the banking, stockbroking, and insurance industries. The Japanese financial system started to lose international competitiveness.

In 1996, Prime Minister Ryutaro Hashimoto announced a reform of the financial system. The reform was modeled on the "Big Bang" financial reforms in the United Kingdom and aimed at fostering freedom, fairness, and internationalization. It was called the "Japanese Big Bang." In the end, the Big Bang in Japan failed and only ended up eating away at the strength of Japanese banks (already weakened by non-performing loans after the collapse of the bubble) and caused more problems for the financial system.

In the mid-1990s a series of Japanese financial institutions went bankrupt. After this, credit risk and liquidity risk in overseas markets rose for Japanese banks. Major foreign banks were no longer willing to lend Japanese banks money and Japanese banks had to pay a premium above the normal interest rate to borrow money from foreign banks. This premium was called the "Japan premium." The creditworthiness of Japanese banks was restored when the government injected public money into the major banks. As a result, the "Japan premium" was dropped.

In 2005, when the disposal of non-performing loans was almost complete and the financial system stabilized, the temporary suspension of the ceiling on insured deposits was removed. Now depositors must choose their banks more carefully by examining a bank's financial situation and the financial products they offer.

Deregulation

TRACK 2-4 Japan has placed many restrictions and regulations on many sectors, such as finance, retail sales, communications, and construction. Foreign countries are very critical of these regulations and restrictions. In recent years, in response to this criticism, Japan has steadily removed these regulations and restrictions. This is a part of the structural reform movement.

From the late 1970s, particularly in the United States and the United Kingdom, reforms were enacted toward "smaller government" and greater dependence on free market mechanisms.

Japan started privatization and deregulation only in the 1980s. In addition to privatizing

Japan National Railways, Nippon Telegraph and Telephone Public Corporation, and the Japan Tobacco and Salt Public Corporation, regulations were relaxed for the finance and air-travel sectors. But progress was slow.

In the 1990s, there was discussion about deregulating the logistics, electric-power generation, gas, and communications sectors. Regulations governing market participation, charges, and business operations were criticized as "non-tariff barriers" in the U.S.-Japan Structural Impediments Initiative and other forums.

Other kinds of deregulation are still being examined and implemented in various sectors. Regulations obstruct technological innovation, artificially preserve companies and industries with low productivity, and reduce efficiency. However, industries where regulations are removed or relaxed face tough competition under the free market.

Corporate Restructuring

TRACK 2-5 In the economic stagnation that followed the collapse of the bubble, Japanese corporations suffered from excess capacity, excess employment, and excessive debt. To solve these problems, many companies undertook bold corporate restructuring and reorganized their businesses, cut staff, and sold off assets.

Lifetime employment had been the standard practice at Japanese companies. Suddenly, cutting staff—something that seldom happened in the past—became a common practice. In some cases staff numbers were allowed to fall naturally by freezing the hiring of new university graduates or by getting people to volunteer for early retirement. Personnel cuts were often directed at workers who were middle-aged or above and had relatively high salaries. Frequently employees were put into a position where they felt they had no choice but to leave, such as being transferred to sections where they had no experience or to subsidiary companies.

These personnel cuts were effective in cutting costs, but they also created new problems. In the days when workers took lifetime employment for granted, they had a sense of security. This security made it possible for employees to devote themselves to their work. Loyalty and company spirit were the engines that drove Japanese corporations and the Japanese economy.

However, when companies decided to abandon the lifetime employment system and start cutting staff, the trust between company and employee broke down. Employee loyalty and company spirit suffered. Pay structures based on ability and performance are now being introduced, making employees weaker team players and encouraging them to take only jobs that produce quick results.

Japanese companies will soon have to reexamine their personnel systems and the sort of relationships they build with their employees if they want to achieve the best results.

A More Flexible Labor Market

TRACK 2-6 The personnel system based upon lifetime employment and the seniority system were a unique feature of Japanese-style management. This system is now being taken apart. Performance-based pay is being introduced, and the number of people changing or quitting their jobs is on the increase. Also, companies that don't want to hire permanent full-time employees at high salaries are using employment agency staff, part-time employees, and "temps" (temporary employees) instead. As a result, the labor market has become more liquid.

Often people trying to get their first job or to change jobs cannot meet the skill, ability, salary, or age criteria set by the employer. This results in a "mismatch" between jobs and jobseekers. Therefore, even if the economy recovers and job vacancies increase, the total number of jobs filled might not grow.

In order to make effective use of human

Fig. 4-2 Number of Full-time Employees, Part-time Employees, and Percentage of Part-time Employees of Total Employment

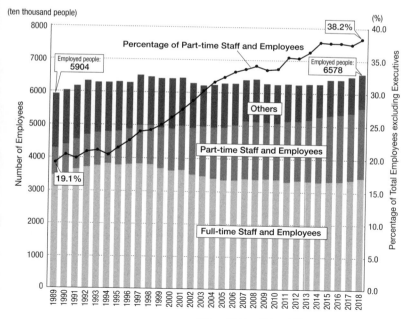

Source: *Ministry of Internal Affairs and Communications*

resources and to increase the productivity and competitiveness of the Japanese economy, Japan must solve this problem. In other words, Japan

The Changing Attitude Toward Work

After the corporate sector started to cut back on full-time employment in the late 1990s, resulting in a more flexible labor market, young Japanese people's attitude to work changed significantly.

One sign of this was the rapid increase in so-called freeters. The word is a combination of the English "free" and the German "arbeiter" (part-time worker). In Japanese, a freeter means someone who does not aspire to have a full-time job at a company. Instead, they prefer to work as part-timers or temp staffers. Freeters enjoy a high degree of autonomy as regards their working hours and their ability to pursue their own interests. At times when the economy is stagnant and it is hard for young people to find a job, the number of freeters tends to rise. Some people point to their increase as something that could destabilize the traditional structures of Japanese society.

Another group of young people known as NEETs also

must create a society that encourages workers to move into new and growing industries.

How to improve job matching is a hot topic.

appeared. NEETs are dropouts, people with few touch-points to society, or people who have lost confidence and given up as a result of failing to find work. Just like freeters, the number of NEETs is also on the rise. Some people become *hikikomori* (socially isolated), not going to work or to school, having nothing to do with anyone outside their immediate family and never leaving home. The problem is not limited to younger people and recently NEETs and *hikikomori* of an advanced age are becoming a social problem.

Since NEETs and *hikikomori* have no interest in working or participating in the labor market, any increase in their number will hinder Japanese economic growth. Seen in fiscal terms, the fact that many young people who should be paying into social security are instead receiving welfare benefits causes an outflow of government funds. Schools, business and society at large must unite to solve this problem.

In the future, job placement services and careful job counseling will be needed for people looking for their first job or changing jobs. It will also be important to provide suitable professional training. This training should be based on the latest human-resources needs of companies.

The Aging Society and Declining Birth Rate

2-8 The problems of the aging society and declining birth rate are shaking the Japanese economy to its roots.

The number of births in Japan has been on the decline since 1973, and the present level is just half of what it was then. The birthrate, which was at a high of an average 2.16 children per woman in 1971, is also in continuous decline, registering a low of 1.26 children per woman in 2005.

On the other hand, the proportion of elderly people (defined as people over 65) in the population stood at 28.7% in 2020. This ratio is predicted to rise to 33.3% (meaning one out of every three people will be old) by 2036, and to 38.4% by 2065. This is the aging society in action. Japan's switch to an aging society with a declining birth rate is taking place at unprecedented speed.

Japan's overall population peaked at 128.08 million people in 2008 before entering a downward trend which is expected to continue for the long term. Forecasts have the population crashing through 100 million in 2053 and dropping to 88.08 million in 2065. Since this population decline will be focused on the young and middle-aged cohorts who are the most active consumers, there are concerns that it will lead to a slowdown in consumption and a fall in domestic demand. Meanwhile, the decline in the working-age population (people from 15 to 64 years old) is a particularly serious problem. Having peaked at 87.17 million in 1995, this too is on the way down. The working-age population is forecast to fall through the 70 million mark to 69.51 million in 2029, before falling to

45.29 million in 2065. There are worries that this decline in the working-age population will deplete the strength of the corporate sector and lead to economic deceleration.

As the cost of social security programs like pensions, nursing, and health care rise, the

Fig. 4-3 Changes in Total Population and Percentage of Total Population by Age Group

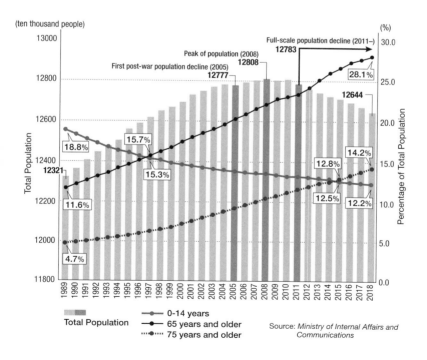

Source: *Ministry of Internal Affairs and Communications*

burden on individual citizens will increase. Thus, reform of the social security system is a matter of great urgency.

Environmental Problems

TRACK 2-9 Since the 1990s, environmental problems such as global warming and the destruction of the ozone layer have come to the fore as worldwide challenges that all countries need to work on together to address. Companies are under pressure to acknowledge the necessity of preserving the environment and reducing the environmental burden.

There are many different ways of responding to environmental issues. These include using natural resources and energy efficiently, reducing emissions of CO_2 and other "greenhouse gases," reducing waste, restricting the use of toxic chemicals, developing environmental technology, and marketing environment-friendly products.

The Kyoto Protocol was signed in 2005 in a bid to reduce greenhouse gas emissions. It set targets for advanced nations to reduce emissions.

In 2015, the Paris Agreement was established as the successor to the Kyoto Protocol as a new international framework for 2020 onward. The Paris Agreement came into force in 2016. The Paris Agreement sets common long-term global targets. The goal is to try to limit average global temperature rise to well below 2 degrees and ideally to 1.5 degrees Celsius relative to pre-industrial levels. The Paris Agreement is a framework which demands reductions in greenhouse gas emissions by all signatory countries, including developing countries. Japan has set itself a goal of cutting its 2030 emissions by 26% vis-à-vis 2013 levels.

Coping with environmental issues is not only about the negative impact of heavy financial burdens. There is a positive side, as well. Environmental problems can provide companies with new opportunities for growth in developing environmental technology.

For example, Japanese manufacturers like Honda and Toyota Motor are pioneering the development and marketing of fuel-cell hybrid vehicles. As environmental consciousness grows worldwide, clean and energy-efficient fuel-cell hybrid vehicles are expected to become mainstream. With this new technology, Japanese carmakers are likely to keep their leading role in the global car industry well into the future.

Japanese companies can maintain and increase their competitiveness by developing and marketing advanced environmental technology before other companies or countries do. Dealing with environmental problems appropriately could be a major factor in Japan's economic recovery.

PART FIVE:
The Japanese Economy in the 21st Century

読みはじめる前に
目を通しておくと、この章が読み
やすくなる経済用語です。

Abenomics	アベノミクス
Act on Promotion of Women's Participation and Advancement in the Workplace	女性活躍推進法
declare a state of emergency	緊急事態宣言を発令する
disposable income	可処分所得
dynamic engagement of all citizens	一億総活躍
excessive inflow	転入超過
Gini coefficient	ジニ係数
Great East Japan Earthquake	東日本大震災
inbound tourists	訪日外国人旅行客（インバウンド）
Industrial Revitalization Corporation of Japan	産業再生機構
inflation target	インフレターゲット，インフレ目標
Izanami Boom	いざなみ景気
Japan Tourism Agency (JTA)	観光庁
Lehman shock (The 2008 Financial Crisis)	リーマン・ショック
management position	管理職
Ministry of Land, Infrastructure, Transport and Tourism	国土交通省

mood of self-restraint	自粛ムード
new normal	ニューノーマル，新しい生活様式
novel coronavirus (Covid-19)	新型コロナウイルス
overconcentration in Tokyo	東京一極集中
paid-in capital	資本金，払込資本
privatization	民営化
privatize the post office	郵政を民営化する
quantitative and qualitative financial easing	量的・質的金融緩和
regional revitalization	地方創生
relative income poverty	相対的貧困
rolling blackout	計画停電，輪番停電
single-parent household	ひとり親世帯
special zones for structural reform	構造改革特区
stay-at-home mother	専業主婦
structural reform	構造改革
subprime loan	サブプライムローン
supply chain	サプライチェーン
telework	テレワーク
three arrows	（アベノミクス）3本の矢。bold monetary policy（大胆な金融政策），flexible fiscal policy（機動的な財政政策），growth strategy designed to stimulate private-sector investment（民間投資を喚起する成長戦略）
unemployment rate	失業率（完全失業率）
unequal society	格差社会
unfair termination	不当解雇
wealth gap	貧富の差
work style reform	働き方改革

Structural Reform

TRACK 2-10 After the collapse of the bubble, Japan was unable to get out of its long economic slump. By the end of the 1990s, Japan's economy and society seemed to have reached a dead end. This was the situation when Prime Minister Junichiro Koizumi came on the scene in April 2001. His slogan was "without reform, there can be no economic growth."

Prime Minister Koizumi argued that it was necessary to implement "structural reforms" to spur economic growth and maintain expansion. These reforms would remove inefficiencies from the economy and produce a socio-economic system suitable for the 21st century.

Put in simple terms, "structural reform" means creating a framework in which new growth industries and products replace stagnating industries and products. This sort of "creative destruction" is regarded as the source of all economic growth. It makes economic resources like labor and capital shift from inefficient industrial sectors to efficient, growing sectors.

The Koizumi administration's structural reform policy had two basic philosophies: (1) "Let the private sector do what the private sector does best," and (2) "Let local governments do what local governments do best." Koizumi pushed ahead with reforms in seven areas: (1) privatization and deregulation, (2) support for new ventures, (3) the reform of the social security system, (4) human resources training and scientific and technological innovation, (5) the renovation of people's lives, (6) the independence and revitalization of local regions and their governments, and (7) the reform of government finances.

The government has begun implementing "special zones for structural reform." These zones are exempt from normal regulations in recognition of an area's special character. These special zones are being rolled out in small steps on a national basis.

The Koizumi administration steamrollered all opposition to privatize the post office, something that was seen as the Holy Grail of structural reform. It also went ahead with the privatization of the Highway Public Corporation, Teito Rapid Transit Authority (now called Tokyo Metro), and government financial institutions.

In 2003, the Koizumi administration set up the Industrial Revitalization Corporation of Japan which spearheaded the restructuring of Daiei (supermarkets) and Kanebo (cosmetics), both companies which were mired in debt despite having high-quality management.

It also pushed ahead vigorously with the disposal of financial institutions' non-performing loans which had been weighing on the economy since the collapse of the bubble economy. After peaking in the March quarter of 2002, the balance of non-performing loans started to decline steadily.

The Nikkei Average fell to what was then a post-bubble low of 7,608 in April 2003, but subsequently started to rise. Between February 2002 and February 2008, the economy went through a 73-month-long expansionary phase known as the Izanami Boom. The growth rate, however, was so subdued that no one felt any richer.

The 2008 Financial Crisis

TRACK 2-11 From the summer of 2007, it started to become clear that more and more subprime loans (home loans structured to enable people on low incomes to buy a house) were being defaulted on in the United States. As the repayment of these subprime loans fell ever more into arrears, Lehman Brothers, one of the biggest American investment banks, filed for bankruptcy in September 2008 after suffering a huge loss.

The impact of what in Japanese is referred to as the "Lehman shock" was not restricted to the United States, but rippled across the world. Stock indices nosedived, while fears about creditworthiness plunged financial markets into a state of paralysis. Both consumption and investment collapsed and the world fell into a "once-in-a-100-year recession."

Japan suffered very severe impacts. The Nikkei Average—which had been at 12,214 just before Lehman Brothers' collapse—fell through the 7,000-yen mark just one month later. Exports to the United States, particularly in the automobile sector, fell by 60%. Overall exports were halved. National champions like Toyota Motor and Hitachi posted losses.

The employment situation also took a turn for the worse. In late 2008, unfair termination (in which irregular employment contracts are not renewed) and *haken-giri* (downsizing by laying off temp workers) both became serious social problems. By July 2009, the unemployment rate had risen to 5.5%. The growth rate of actual GDP was minus 3.4% for fiscal 2008 and minus 2.2% for fiscal 2009, making for two consecutive years of negative growth.

The Great East Japan Earthquake

TRACK 2-12 When the sharp economic slump that followed the collapse of Lehman Brothers was finally showing some signs of recovery, trouble struck the Japanese economy for a second time. The Great East Japan Earthquake occurred on March 11, 2011.

A huge earthquake with a maximum seismic intensity of 7 on the Japanese scale (magnitude 9), followed by a gigantic tsunami, hit the Tohoku region, causing serious harm to both people and buildings in eastern Japan. The earthquake caused an accident at the Fukushima Daiichi nuclear power plant of Tokyo Electric Power Company (TEPCO). Due to concerns about its ability to provide electricity, TEPCO initiated rolling blackouts in the areas it supplied, switching off the power region by region in a pre-planned order.

The Tohoku region, which suffered the greatest damage from the earthquake, was home to a cluster of factories making components and materials. Not only did the damaged factories cease operations; even in areas which had not been directly impacted, breaks in the supply chain made it difficult to procure materials and components. Factory production slowed or came to a complete halt over a wide area.

A falling-off in consumer spirits and a mood of self-restraint led to a major fall in personal consumption centered around services like travel, bars and restaurants, as well as luxury goods. The earthquake inflicted a heavy blow, pushing the Japanese economy back into a slump.

Abenomics

TRACK
2-13 The disorder caused by the Great East Japan Earthquake was still ongoing in 2012 when the Liberal Democratic Party (LDP) took back power from the Democratic Party of Japan. Shinzo Abe, who had stepped down as prime minister in 2007, resumed the premiership and the second Abe cabinet got underway.

The new prime minister announced an economic policy, colloquially known as Abenomics, designed to break free of deflation. He planned to revive the Japanese economy through the "three arrows" of bold monetary policy, flexible fiscal policy, and a growth strategy designed to stimulate private-sector investment.

When Haruhiko Kuroda took over the reins at the Bank of Japan in March 2013, he embarked on a bold policy of quantitative and qualitative financial easing. The value of the yen plummeted, with the exchange rate, which had stood at 80 or so yen to the dollar at the end of 2012, falling to the 120-yen range. Increased weakness in the yen led to a marked improvement in business performance, particularly in the manufacturing sector. The Nikkei Average, which had been hovering around the 10,000-yen mark, shot up into the 15,000s within five months of Abe taking office, and hit a high of 24,270 in 2018. The upturn that had started with the advent of the second Abe administration lasted until October 2018, a period of 71 months, making it the second longest expansion in the whole postwar period.

The policies of the Abe administration delivered undeniable results in terms of reviving the Japanese economy after the body blows it had suffered in the 2008 financial crisis and the Great East Japan Earthquake. Abe's team looked for ways to reform Japan's social and economic systems under slogans like "regional revitalization," "the dynamic engagement of all citizens," and "work style reform."

One thing the administration could not do was to achieve the inflation target of 2% in two years that it had set itself. Nor did the growth strategy deliver any very tangible benefits. The main result of Abe's aggressive fiscal policy was a rise in the debt of the national and local governments from 932 trillion yen at the March end of the fiscal year in 2012 to over 1,122 trillion yen at the March end of the fiscal year in 2020.

Inbound Tourism

TRACK 2-14 One of the government's economic revitalization policies involved an effort to increase the number of foreign visitors, or inbound tourists, coming to Japan. The aim was to get consumption by foreign visitors to compensate for the decline in domestic consumption caused by the aging population and falling birthrate.

The government started to take steps in 2003 with the aim of increasing the annual number of foreign visitors to Japan, which was then stagnant at around the 5 million mark, in order to make Japan a "tourism superpower." The Ministry of Land, Infrastructure, Transport and Tourism led the charge with the launch of the "Visit JAPAN" campaign. It teamed up with overseas media outlets and travel agencies to promote the attractions of Japanese culture and travel.

The Japan Tourism Agency (JTA) was created in 2008 as an affiliated agency of the Ministry of Land, Infrastructure, Transport and Tourism. The JTA launched aggressive policies to boost inbound tourist numbers. It supported the creation of tourist destinations with a high level of international competitiveness and ran promotions for specific regions. It also sought to attract international conferences and overseas businesses for training to Japan. Starting in 2013, it loosened visa regulations for certain countries, many of them in Asia.

These steps proved effective and visitor numbers broke through the 10 million mark in 2013. They continued to rise, hitting 31.88 million in 2019. With the increase in overseas arrivals, tourism expenditure also rose, exceeding 4.8 trillion yen in 2019. When the economic ripple effects (trade in commodities like agricultural products and fisheries) are added in, you can multiply that figure by 1.75, for a total of 7.8 trillion yen. Clearly, the impact that overseas visitors have on the Japanese economy has become very significant.

Fig. 5-1 Changes in the Number of Foreign Visitors to Japan and Travel Consumption

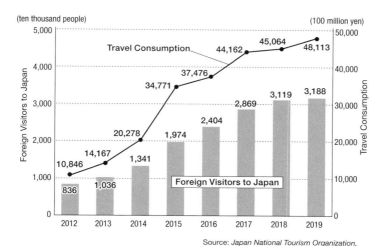

Source: *Japan National Tourism Organization, Japan Tourism Agency*

Overconcentration in Tokyo

TRACK 2-15 One of the challenges the Japanese economy faces is the need to correct overconcentration in Tokyo and the capital region. The population of Tokyo increased by two million in the last 20 years to surpass 14 million people in 2020. While the population of Japan as a whole is falling, the concentration of people in Tokyo continues to rise, exacerbating the depopulation and decline of the regions.

Overconcentration increases the dangers posed by natural disasters. Half of companies with paid-in capital of over 100 million yen are headquartered in Tokyo. Tokyo is also home to over half the headquarters of listed companies.

With the key functions of the country concentrated in Tokyo, there is the very real possibility that a major disaster, like an earthquake or catastrophic rainfall, could provoke dysfunction in the Japanese economy.

The Abe administration tried to promote regional revitalization and correct overconcentration in Tokyo. It established the post of minister of state for the promotion of overcoming population decline and vitalizing the local economy in Japan. It also strove to transfer government functions to the regions, successfully shifting the Agency for Cultural Affairs to Kyoto and a part of the Consumer Affairs Agency to Hiroshima. It also encouraged elderly people to move out to the regions.

Nonetheless, excessive inflows into the Tokyo region continue unchecked, with more people migrating in than people migrating out. Greater efforts, from dispersing the functions of the capital around the country to telework, are needed to halt the decline of the regions and to help smaller towns and cities develop.

The Growth of Inequality

Japan endured a long recession after the collapse of the bubble economy. This led to a widening of the wealth gap and the advent of an unequal society.

The standard indicator used to measure income inequality is known as the Gini coefficient. Expressed by a number between zero and one, the closer the number is to one, the greater the inequality. Research conducted in 2017 by the Ministry of Health, Labor and Welfare found that Japan had a Gini coefficient of 0.559. It had slowly risen from a level of around 0.4 in the latter half of the 1980s, surpassing 0.5 in 2005.

Relative income poverty is another similar indicator. This refers to people who are poor relative to the prevalent cultural and lifestyle level of a particular country. Specifically, it refers to people with household disposable income below 50% of the national median. According to OECD research, Japan's relative income poverty rate has hovered around 16% in recent years, giving it the second-highest level among the major economies after the United States. One Japanese person out of six is living in relative income poverty.

Changes in the industrial structure, a rise in irregular employment, an increasingly elderly population as a result of the declining birthrate and aging, and the increase in single-parent households are all cited as reasons for the rise in relative income poverty.

Income disparity is linked to disparity in education. Children who are born and brought up in low-income households cannot secure an adequate education, as they are often unable to proceed to further education or to get the opportunity for extra-curricular study. This limits their job options and has a negative influence on their future earning potential. It is possible that poverty and the disparities it creates can end up extending across several generations.

Widening inequality can lead to social and political instability and hinder economic growth. Suitable policies to rectify the situation need to be introduced as a matter of urgency.

A Society with the Active Participation of Women

In Japan, both the overall population and the working-age population are in decline. If the country wants to secure a sufficient supply of labor and keep the economy strong, it needs to provide opportunities for women and older people who want to work to do so.

In the postwar period, the accepted social model involved men working while women took care of the family as full-time homemakers. The old values that men should go out to work while women handle housework and child-rearing have changed. In the second half of the 1990s, the number of households in which both husband and wife were working exceeded the number of households with stay-at-home mothers.

The government is implementing policies to create a society in which women can be active participants, putting their individuality and their abilities to good use. The Act on Promotion of Women's Participation and Advancement in the Workplace was passed in 2016. This made employers (central government, local authorities and private-sector companies) assess the level of female participation and activity in their organizations, itemize the challenges women face, establish numerical targets and formulate and publish action plans.

To assess the level of female activity, organizations need to figure out the ratio of female hires; the difference in length of service between males and females; working hours; and the percentage of women in management positions.

The jewel in the crown of the government's efforts to empower women was the goal it set for women to fill 30% of leadership positions in every field of society. They originally designated 2020 as the year to achieve this goal. Since, however, the proportion of women in management positions in both the public and private sectors still remains low, the goal has been pushed down the road to "as early as possible in the 2020s." A new target of achieving an equal ratio of men and women in management positions in the 2030s has been set as part of the aim of creating a society in which women participate more actively.

Fig. 5-2 Changes in Percentage of Women in Management Positions by Rank in the Private Sector

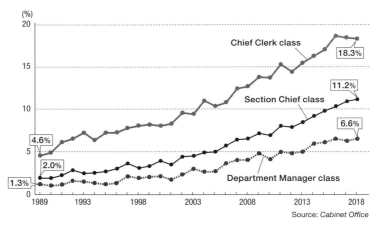

Source: *Cabinet Office*

The Ravages of Covid-19

Having originated in Hubei Province in China, the novel coronavirus went on to infect people worldwide in 2020. Countries everywhere were desperate to contain the disease. They blocked off cities, imposed lockdowns on people, and restricted or closed bars, restaurants, shops and factories. The pandemic brought activity to a standstill and the global economy quickly fell into a slump.

The Japanese economy suffered a tremendous negative impact. With infections soaring, the government declared a state of emergency in April 2020. With shops selling essential goods as the sole exception, the government requested shops to temporarily shut down and events to be cancelled or postponed, while also asking people to stay at home unless they had an urgent reason not to do so. Companies introduced telework and working from home grew rapidly and on a large scale.

Although the state of emergency was lifted in May, the negative impact of the pandemic continued to be felt in many areas. Personal consumption declined as people stopped eating out and travelling. The slump in the global economy led to the export of automobiles stagnating. Consumption by foreign visitors, which had expanded as a result of the drive to promote inbound tourism, was almost totally wiped out. Real GDP experienced its largest decline since World War II, exceeding even the financial crisis of 2008.

There are more and more households where jobs have been lost or incomes have declined as a result of the fallout from Covid-19. The campaigns the government launched to boost demand for domestic tourism and for bars and restaurants appear to be having limited impact. Many people, particularly older people, are choosing to stay indoors and avoid meeting in large groups for eating and drinking. Many companies are declaring bankruptcy. The slump in the Japanese economy is forecast to last a long time.

It is thought that there will be intermittent surges of coronavirus infections going forward. We need to learn to live with corona. That means figuring out the shape of the new normal, where economic and social life goes on even as the number of infections is held down.

Word List

- 語形が規則変化する語の見出しは原形で示しています。不規則変化語は本文中で使われている形になっています。

- 一般的な意味を紹介していますので, 一部の語で本文で実際に使われている品詞や意味と合っていないことがあります。

- 品詞は以下のように示しています。

名 名詞	代 代名詞	形 形容詞	副 副詞	動 動詞	助 助動詞
前 前置詞	接 接続詞	間 間投詞	冠 冠詞	略 略語	俗 俗語
熟 熟語	頭 接頭語	尾 接尾語	記 記号	関 関係代名詞	

A

□ **abandon** 名 ①自暴自棄 ②気まま, 奔放 動 ①捨てる, 放棄する ②(計画などを) 中止する, 断念する

□ **Abenomics** 名 アベノミクス《安倍晋三が第2次安倍内閣において掲げた, 一連の経済政策に対して与えられた通称。主唱者である「安倍」の姓と, 「エコノミクス(英: economics)」とを合わせた造語》

□ **ability** 名 ①できること, (~する) 能力 ②才能

□ **abroad** 熟 from abroad 海外から

□ **accept** 動 ①受け入れる ②同意する, 認める

□ **accident** 名 ①(不慮の) 事故, 災難 ②偶然

□ **acclaim** 動 ほめる, (拍手) かっさいを送る 名 賞賛, かっさい

□ **accord** 名 調和, 一致 動 ①与える ②調和する, 一致する

□ **according** 副《 – to ~》~によれば [よると]

□ **account** 名 ①計算書 ②勘定, 預金口座 ③説明, 報告, 記述 general account 一般会計 動 ①《 – for ~》~を説明する, ~(の割合) を占める, ~の原因となる ②~を…とみなす account for ~の割合を占める, ~を構成する

□ **accounting sheet** 会計帳簿, 貸借対照表

□ **achieve** 動 成し遂げる, 達成する, 成功を収める

□ **acknowledge** 動 (~として, ~を) 認める

□ **Act on Promotion of Women's Participation and Advancement in the Workplace** 女性活躍推進法

□ **active** 形 ①活動的な ②積極的な ③活動 [作動] 中の

□ **actively** 副 活発に, 活動的に

□ **activity** 名 活動, 活気

□ **actual** 形 実際の, 現実の

☐ **actually** 副 実際に, 本当に, 実は

☐ **add** 動 ①加える, 足す ②足し算をする ③言い添える

☐ **addition** 名 ①付加, 追加, 添加 ②足し算 in addition 加えて, さらに in addition to 〜に加えて, さらに

☐ **address** 名 ①住所, アドレス ②演説 動 ①あて名を書く ②演説をする, 話しかける

☐ **adequate** 形 十分な, ふさわしい, 適切な

☐ **administration** 名 管理, 統治, 政権

☐ **administrative** 形 ①行政の ②管理の, 運営 [経営] 上の administrative guidance 行政指導

☐ **adopt** 動 ①採択する, 選ぶ ②承認する ③養子にする

☐ **advanced** 動 advance (進む) の過去, 過去分詞 形 上級の, 先に進んだ, 高等の advanced nation 先進国 five advanced nations 先進5ヵ国, 主要5ヵ国 (G5)《米国・英国・ドイツ・フランス・日本》

☐ **advancement** 名 進歩, 前進, 昇進

☐ **advantage** 名 有利な点 [立場], 強み, 優越

☐ **advent** 名 ①《the –》到来, 出現 ②《A-》キリストの降臨, 降臨節

☐ **affair** 名 ①事柄, 事件 ②《-s》業務, 仕事, やるべきこと

☐ **affiliated agency** 外局

☐ **age criteria** 年齢基準 [制限]

☐ **age group** 年齢層

☐ **agency** 名 ①代理店, 仲介 ②機関, 政府機関 ③媒介, 媒体 affiliated agency 外局 employment agency staff 派遣社員 travel agency 旅行代理店

☐ **Agency for Cultural Affairs** 文化庁

☐ **aggressive** 形 ①攻撃的な, 好戦的な ②活動的な ③強引な

☐ **aging** 名 ①老化, 高齢化 ②熟成 ③時効 形 ①年老いた ②老朽化した ③熟成した aging society 高齢化社会

☐ **agreement** 名 ①合意, 協定 ②一致

☐ **agricultural** 形 農業の, 農事の agricultural and land reform 農地改革

☐ **ahead** 熟 go ahead 進んで行う, 思い切って〜する

☐ **aim** 動 ①（武器・カメラなどを）向ける ②ねらう, 目指す 名 ねらい, 目標 with the aim of 〜を目的として, 〜のために

☐ **air conditioner** エアコン, クーラー

☐ **air raid** 空襲

☐ **air-travel sector** 航空分野

☐ **all** 熟 last of all 最後に

☐ **Allied Occupation Army** 進駐軍, 占領軍 (GHQ)

☐ **allow** 動 ①許す,《 – … to 〜》が〜するのを可能にする, …に〜させておく ②与える

☐ **although** 接 〜だけれども, 〜にもかかわらず, たとえ〜でも

☐ **American** 形 アメリカ（人）の

☐ **amount** 名 ①量, 額 ②《the –》合計 動 (総計〜に) なる

☐ **analyze** 動 ①分析する, 解析する, 細かく検討する ②精神分析する ③解

A

□ 剖する

□ **and so** そこで, それだから, それで

□ **animated** 動 animate（生気を与える）の過去, 過去分詞 形 ①活気に満ちた ②アニメの

□ **anime** 名 アニメ

□ **annihilate** 動 滅ぼす, 壊滅させる, 絶滅させる

□ **announce** 動（人に）知らせる, 公表する

□ **annual** 形 年1回の, 例年の, 年次の 名 ①年報 ②一年生植物

□ **annually** 副 毎年, 年1回

□ **anyone** 代 ①《疑問文・条件節で》誰か ②《否定文で》誰も（〜ない）③《肯定文で》誰でも

□ **apart** 副 ①ばらばらに, 離れて ②別にして, それだけで **come apart** バラバラになる

□ **appear** 動 ①現れる, 見えてくる ②（〜のように）見える, 〜らしい **appear to** するように見える

□ **appliance** 名 器具, 道具,（家庭用）電気製品 **electric appliance** 電気器具［製品］ **home (electric [electronic]) appliance** 家庭電気製品, 家電器具［製品］

□ **appreciate** 動 ①正しく評価する, よさがわかる ②価値［相場］が上がる ③ありがたく思う

□ **appreciation** 名 ①正しい評価, 真価を認めること ②感謝

□ **approach** 動 ①接近する ②話を持ちかける 名 接近,（〜へ）近づく道

□ **appropriately** 副 ふさわしく, 適切なやり方で

□ **arbeiter** 名 アルバイトをする人。ドイツ語で「労働者」の意。

□ **argue** 動 ①論じる, 議論する ②主張する

□ **army** 名 軍隊,《the – 》陸軍

□ **arrear** 名 ①〔義務・約束の履行の〕遅れ, 滞り ②滞納（金）, 未払い金

□ **arrival** 名 ①到着 ②到達

□ **arrow** 名 矢, 矢のようなもの **three arrows**（アベノミクス）3本の矢

□ **artificially** 副 人為的に, 人工的に, 見かけ上は

□ **as a result** その結果（として）

□ **as a result of** 〜の結果（として）

□ **as a whole** 全体として

□ **as if** あたかも〜のように, まるで〜みたいに

□ **as well** なお, その上, 同様に

□ **as well as** 〜と同様に

□ **as 〜 as possible** できるだけ〜

□ **ASEAN** 略 東南アジア諸国連合（＝Association of Southeast Asian Nations）

□ **Asia** 名 アジア

□ **Asian Financial Crisis** アジア通貨危機

□ **aspire** 動 熱望する, 切望する

□ **assemble** 動 ①集める, 集まる ②組み立てる

□ **assess** 動 評価する, 査定する

□ **asset** 名 財産, 資産, 価値のあるもの **asset deflation** 資産デフレ **dollar-denominated assets** ドル建て資産

□ **at first** 最初は, 初めのうちは

□ **at home** 自宅で, 在宅して, 自国で

□ **at large** 全体として, 広く

□ **at one time** ある時には, かつては

□ **at present** 今のところ, 現在は, 目

下

- □ **at the end of** ～の終わりに
- □ **at the request of** ～の要請により, ～の要求に応じて
- □ **attack** 動①襲う, 攻める ②非難する ③(病気が)おかす 名①攻撃, 非難 ②発作, 発病
- □ **attempt** 動試みる, 企てる 名試み, 企て, 努力
- □ **attention** 名①注意, 集中 ②配慮, 手当て, 世話 間《号令として》気をつけ
- □ **attitude** 名姿勢, 態度, 心構え
- □ **attract** 動①引きつける, 引く ②魅力がある, 魅了する
- □ **attraction** 名引きつけるもの, 出し物, アトラクション
- □ **audio-visual** 名オーディオビジュアル, AV, 視聴覚 形視聴覚の
- □ **Australia** 名オーストラリア《国名》
- □ **authority** 名①権威, 権力, 権限 ②《the -ties》(関係)当局
- □ **auto industry** 自動車産業
- □ **automobile** 名自動車
- □ **automobile-related** 形自動車関連の
- □ **automotive** 形自動車の, 自力推進の
- □ **autonomy** 名自律(性), 自主(性)
- □ **average** 名平均(値), 並み on (the) average 平均して 形平均の, 普通の 動平均して～になる
- □ **avoid** 動避ける, (～を)しないようにする
- □ **away** 熟 stay away from ～から離れている

B

- □ **bad loan** 不良債権
- □ **bakugai** 名爆買い《一度に大量にまとめ買いすることを表す語。主に来日した中国人観光客が大量に商品を購買する行為を指す》
- □ **balance** 名①均衡, 平均, 落ち着き ②てんびん ③残高, 差額 動釣り合いをとる
- □ **Bank of Japan (BOJ)** 日本銀行, 日銀
- □ **banking** 動 bank (取引する)の現在分詞 名銀行業
- □ **bankrupt** 名破産(者) 形破産した, 支払い能力のない go bankrupt 倒産する
- □ **bankruptcy** 名破産, 倒産
- □ **bar** 名①酒場 ②棒, かんぬき ③障害(物) 動かんぬきで閉める
- □ **barrier** 名さく, 防壁, 障害(物), 障壁 non-tariff barrier 非課税障壁 動防壁で囲む
- □ **base** 名基礎, 土台, 本部 動《 – on ～》～に基礎を置く, 基づく
- □ **basic** 形基礎の, 基本の 名《-s》基礎, 基本, 必需品 basic industry 基幹産業
- □ **basically** 副基本的には, 大筋では
- □ **basis** 名①土台, 基礎 ②基準, 原理 ③根拠 ④主成分
- □ **because of** ～のために, ～の理由で
- □ **beef** 名牛肉
- □ **beginning** 動 begin (始まる)の現在分詞 名初め, 始まり
- □ **behind** 前①～の後ろに, ～の背後に ②～に遅れて, ～に劣って lie behind ～の後方[背後]にある

A
B
C
D
E
F
G
H
I
J
K
L
M
N
O
P
Q
R
S
T
U
V
W
X
Y
Z

副 ①後ろに, 背後に ②遅れて, 劣って **fall behind** 取り残される, 後れを取る

□ **being** 動 be (〜である) の現在分詞 名存在, 生命, 人間

□ **belief** 名信じること, 信念, 信用

□ **belong to** 〜に属する

□ **belonging** 動 belong (属する) の現在分詞 名《-s》持ち物, 所有物, 財産

□ **below** 前 ①〜より下に ②〜以下の, 〜より劣る 副下に[へ]

□ **benefit** 名 ①利益, 恩恵 ②(失業保険・年金などの) 手当, 給付(金) 動利益を得る, (〜の) ためになる

□ **between A and B** AとBの間に

□ **bid** 動 ①(競売・入札などで) 値をつける, 入札する ②(トランプなどでせり札を) 宣言する 名 ①付け値, 入札 ②(トランプなどで) 宣言, ビッド

□ **Big Bang** 《the – 》〔金融市場の〕ビッグ・バン《1986年10月27日にイギリス証券取引所が行った大胆な規制自由化》

□ **birth** 名 ①出産, 誕生 ②生まれ, 起源, (よい) 家柄 **give birth to** 〜を生む **birth rate** 出生率

□ **birthrate** 名出生率

□ **blackout** 名停電, 灯火管制 **rolling blackout** 計画停電, 輪番停電

□ **blanket** 名毛布 動毛布でくるむ

□ **blow** 動 ①(風が) 吹く, (風が)〜を吹き飛ばす ②息を吹く, (鼻を) かむ ③破裂する ④吹奏する 名 ①(風の) ひと吹き, 突風 ②(楽器の) 吹奏 ③打撃

□ **board of directors** 取締役会

□ **bold** 形 ①勇敢な, 大胆な, 奔放な ②ずうずうしい ③派手な ④(文字が)

太字の **bold monetary policy** 大胆な金融政策

□ **bond** 名 ①縛るもの, ひも ②結びつき, 結束 ③《-s》束縛 ④契約, 約定 ⑤保証(人・金), 担保 ⑥債券, 公債, 社債, 債務証書 ⑦接着, 接着剤 **construction bond** 建設公債 **government bond** 国債 **reconstruction bond** 復興債 **special deficit-financing bond** 特例公債 **U.S. government bond** 米国債 動 ①担保に入れる, 債券に振り替える ②保証人になる, 保証する ③接着する[させる], 結合する

□ **boom** 名ブーム, 急成長 **economic boom** 好景気, 好況 動急騰する

□ **boost** 名 ①後押し, 応援, 励まし ②値上げ 動 ①押し上げる ②後押しする, 後援する ③(値段を) つり上げる ④景気をあおる

□ **borrower** 名借り手

□ **both A and B** AもBも

□ **break out** 発生する, 急に起こる, (戦争が) 勃発する

□ **break through** 〜を打ち破る

□ **break up** ばらばらになる, 解散させる

□ **breakup** 名崩壊, 解体, 解消

□ **brief** 形 ①短い時間の ②簡単な 名要点, 概要

□ **bring about** 引き起こす

□ **bring back to life** 生き返る, 息を吹き返す

□ **bring up** 育てる, 連れて行く

□ **broad** 形 ①幅の広い ②寛大な ③明白な 副すっかり, 十分に

□ **broadcast** 名放送, 番組 動放送する, 広める 形放送の

☐ **broaden** 動広がる, 広げる

☐ **Brunei** 名ブルネイ《国名》

☐ **bubble** 名泡 動泡立つ, 沸き立つ
bubble economy バブル経済

☐ **Bubble Boom** バブル景気《1986
年12月～1991年2月までの51ヵ月間
に起こった, 資産価格の上昇と好景気》

☐ **budget** 名①経費 ②予算 動予算
を立てる budget deficit 財政赤字

☐ **building** 動build (建てる) の現在
分詞 名建物, 建造物, ビルディング

☐ **bullet train** 新幹線

☐ **burden** 名①荷 ②重荷 動荷 [負
担] を負わす

☐ **bureaucrat** 名役人, 官僚主義的
な人

C

☐ **cabinet** 名①飾り棚 ②《C-》内閣,
閣僚

☐ **Cabinet Office** 内閣府

☐ **calculate** 動①計算する, 算出する
②見積もる, 予想する

☐ **calculator** 名計算機, 電卓
pocket calculator 電卓

☐ **campaign** 名①キャンペーン (活動,
運動) ②政治運動, 選挙運動 ③軍事行
動 動①従軍する ②運動に参加する

☐ **Canada** 名カナダ《国名》

☐ **cancel** 動～をキャンセルする, ～を
取り消す, ～を中止する

☐ **capacity** 名①定員, 容量 ②能力,
(潜在的な) 可能性

☐ **capital** 名①首都 ②大文字 ③資
本 (金) 形①資本の ②首都の ③最
も重要な ④大文字の capital

investment 設備投資 capital
market 資本市場 capital trading
practice 資本取引慣行 excess
capital investment 過剰設備投資
paid in capital 資本金, 払込資本

☐ **care** 熟 health care 医療 take
care of ～の世話をする, ～面倒を見
る, ～を管理する

☐ **carmaker** 名自動車製造業者

☐ **carry out** [計画を] 実行する

☐ **cartoon** 名時事風刺漫画, アニメ映
画

☐ **category** 名カテゴリー, 種類, 部類

☐ **cease** 動やむ, やめる, 中止する 名
終止

☐ **ceiling** 名①天井 ②上限, 最高価
格

☐ **Celsius** 名〔温度計の〕セ氏 (摂氏),
セ氏温度計

☐ **central** 形中央の, 主要な central
bank governor 中央銀行総裁
central government 中央政府

☐ **certain** 形①確実な, 必ず～する
②(人が) 確信した ③ある ④いくらか
の 代 (～の中の) いくつか

☐ **challenge** 名①挑戦 ②難関 動
挑む, 試す

☐ **champion** 名優勝者, チャンピオン

☐ **chaos** 名無秩序, 混乱状態

☐ **character** 名①特性, 個性 ②(小
説・劇などの) 登場人物 ③文字, 記号
④品性, 人格

☐ **charge** 動①(代金を) 請求する
②(～を…に) 負わせる ③命じる
名①請求金額, 料金 ②責任 ③非難,
告発

☐ **chemical products** 化学製品

☐ **chief clerk** 係長

A
B
C
D
E
F
G
H
I
J
K
L
M
N
O
P
Q
R
S
T
U
V
W
X
Y
Z

□ **chiefly** 副 主として, まず第一に

□ **child-rearing** 名 子育て, 育児

□ **Chile** 名 チリ《国名》

□ **China** 名 ①中国《国名》②《c-》陶磁器, 瀬戸物

□ **Chinese** 形 中国(人)の 名 ①中国人 ②中国語

□ **choice** 名 選択(の範囲・自由), え り好み, 選ばれた人[物] have no choice but to ～するしかない 形 精選した

□ **circle** 名 ①円, 円周, 輪 ②循環, 軌道 ③仲間, サークル vicious circle 悪循環 動 回る, 囲む

□ **cite** 動 言及する, 引用する 名 言及, 引用

□ **citizen** 名 ①市民, 国民 ②住民, 民間人 dynamic engagement of all citizens 一億総活躍

□ **civilian** 名 一般市民, 民間人 形 民間の, 文民の

□ **clear** 形 ①はっきりした, 明白な ②澄んだ ③(よく)晴れた 動 ①はっきりさせる ②片づける ③晴れる 副 ①はっきりと ②すっかり, 完全に

□ **clearly** 副 ①明らかに, はっきりと ②《返答に用いて》そのとおり

□ **client company** 取引先

□ **closed** 動 close(閉まる)の過去, 過去分詞 形 閉じた, 閉鎖した

□ **closely** 副 ①密接に ②念入りに, 詳しく ③ぴったりと

□ **clothing** 動 clothe(服を着せる)の現在分詞 名 衣類, 衣料品

□ **cluster** 名 (花・実などの)房, (密集した動物の)群れ, 一団 動 群がる

□ **CO₂** 名 二酸化炭素

□ **coal** 名 石炭, 木炭 動 石炭を積み込む

□ **code** 名 ①法典 ②規準, 慣例 ③コード, 番号 tax code 税法 動 コード化する

□ **coefficient** 名 係数, 率 Gini coefficient ジニ係数, 国民所得分配係数《社会における所得分配の不平等さを測る尺度の一つ》

□ **cohort** 名 《統計》群, コ(ー)ホート

□ **collaborate** 動 協力する, 協力して働く

□ **collapse** 名 崩壊, 倒壊 動 崩壊する, 崩れる, 失敗する

□ **collateral** 名 ①担保(物件) ②付帯事実 ③直属でない親族 形 ①担保の, 見返りの ②付随的な ③直属でない親族の

□ **colloquially** 副 口語で, 口語的に

□ **combination** 名 ①結合(状態, 行為), 団結 ②連合, 同盟

□ **combined** 形 ①結び付いた, 混ぜ合わさった ②複合の, 連合の, 共同の ③一体化した, 統合された

□ **come apart** バラバラになる

□ **come into effect [force]** 〔法律・規則などが〕効力を発する, 施行される, 成立する

□ **come on the scene** 登場する, 姿を現す

□ **come up** 〔問題などが〕持ち上がる, 〔議題などが〕取り上げられる, 話題に出る

□ **comic books** マンガ本

□ **comics** 名 マンガ, マンガ本

□ **coming** 動 come(来る)の現在分詞 形 今度の, 来たるべき 名 到来, 来ること

□ **commodity** 名商品, 日用品, 産物, 必需品

□ **communication** 名伝えること, 伝導, 連絡

□ **community with a shared destiny** 運命共同体

□ **company labor union** 企業組合

□ **company men** 会社人間

□ **company spirit** 企業精神

□ **comparison** 名比較, 対照 international comparison 国際比較

□ **compensate** 動①補う ②補償する, 補正する

□ **competition** 名競争, 競合, コンペ

□ **competitive** 形競争の, 競争心の強い, (品質などが) 他に負けない

□ **competitiveness** 名競争力 international competitiveness 国際競争力

□ **complain** 動①不平 [苦情] を言う, ぶつぶつ言う ②(病状などを) 訴える

□ **complete** 形完全な, まったくの, 完成した 動完成させる

□ **component** 名構成要素, 部品, 成分

□ **composition** 名構成, 組織, 配合

□ **concentrated** 動 concentrate (一点に集める) の過去, 過去分詞 形①集中した ②凝縮された, 高濃度の, 濃厚な

□ **concentration** 名①集中, 集中力, 集合 ②濃縮, 濃度

□ **concept** 名①概念, 観念, テーマ ②(計画案などの) 基本的な方向

□ **concern** 動①関係する,《be -ed in [with] ~》~に関係している ②心配させる,《be -ed about [for] ~》~を心配する 名①関心事 ②関心, 心配 ③関係, 重要性

□ **conclude** 動①終える, 完結する ②結論を下す

□ **condition** 名①(健康) 状態, 境遇 ②《-s》状況, 様子 ③条件 動適応させる, 条件づける

□ **conditioner** 名調節器具, 冷房装置 air conditioner エアコン, クーラー

□ **conduct** 名①行い, 振る舞い ②指導, 指揮 動①指導する ②実施する, 処理 [処置] する

□ **conference** 名①会議, 協議, 相談 ②協議会

□ **confidence** 名自信, 確信, 信頼, 信用度

□ **connected** 動 connect (つながる) の過去, 過去分詞 形結合した, 関係のある

□ **conquer** 動征服する, 制圧する

□ **consciousness** 名意識, 自覚, 気づいていること

□ **consecutive** 形連続した, 立て続けの

□ **construction** 名構造, 建設, 工事, 建物 construction bond 建設公債

□ **consumer** 名消費者 consumer durable 耐久消費財 consumer electronics 家電 [家庭電化・家庭用電気] 製品 consumer product 消費財, 消費者 (向け) 製品 digital consumer electronics デジタル家電 intelligent consumer electronics 情報家電

□ **consumer-product purpose** 消費者製品用とする, 民生用

□ **consumption** 名①消費, 消費量 ②食べること domestic consumption 国内消費 personal consumption 個人消費

□ **contain** 動①含む, 入っている ②（感情などを）抑える

□ **context** 名文脈, 前後関係, コンテクスト

□ **continuous** 形連続的な, 継続する, 絶え間ない

□ **continuously** 副連続して, 絶え間なく, 変わりなく

□ **contract** 名契約（書）, 協定 動①契約する ②縮小する

□ **contrast** 名対照, 対比 動対照させる, よい対象となる

□ **contribute** 動①貢献する ②寄稿する ③寄付する

□ **control** 動①管理［支配］する ②抑制する, コントロールする 名①管理, 支配（力）②抑制 get out of control 手に負えなくなる, コントロール［抑え］が利かなくなる

□ **convertibility** 名①転換［交換］可能性 ②（通貨の）兌換性

□ **convoy system** 護送船団方式

□ **cooperation** 名①協力, 協業, 協調 ②協同組合

□ **coordinate** 名①座標 ②調和よく組み合わされたもの, コーディネート 形①（等級・重要度などが）等位の ②座標の 動①調和的になる, 同格になる ②調整する, 協調させる

□ **coordinated intervention** 協調介入

□ **cope** 動うまく処理する, 対処する

□ **core** 名核心, 中心, 芯

□ **corona** 名コロナウイルス

（= coronavirus）novel coronavirus 新型コロナウイルス

□ **coronavirus** 名《医》コロナウイルス

□ **corporate** 形団体［共同］の, 会社の corporate financing 企業金融 corporate profit 企業収益 corporate restructuring 企業再建, 企業再構築 corporate results 企業の業績 corporate sector 法人［企業］部門 corporate takeover 企業の乗っ取り

□ **corporation** 名法人, （株式）会社, 公団, 社団法人

□ **correct** 形正しい, 適切な, りっぱな 動（誤りを）訂正する, 直す

□ **cosmetic** 名化粧品 形美容の, 表面的な

□ **cost** 名①値段, 費用 ②損失, 犠牲 動（金・費用が）かかる, （〜を）要する, （人に金額を）費やさせる

□ **counseling** 名カウンセリング, 相談 job counseling 就職相談

□ **cover** 動①覆う, 包む, 隠す ②扱う, （〜に）わたる, 及ぶ ③代わりを務める ④補う 名覆い, カバー

□ **Covid-19** 略新型コロナウイルス感染症《2019年12月に中国の湖北省武漢市で発生したとされ, 2021年1月現在, 多くの国で流行している》（= coronavirus disease 2019）

□ **crash** 動①（人・乗り物が）衝突する, 墜落する ②大きな音を立ててぶつかる［壊れる］名①衝突, 墜落 ②（壊れるときの）すさまじい音

□ **create** 動創造する, 生み出す, 引き起こす

□ **creation** 名創造［物］

☐ **creative destruction** 創造的破壊

☐ **credit risk** 信用リスク

☐ **creditworthiness** 图信用力, 信用度

☐ **crisis** 图①危機, 難局 ②重大局面 financial crisis 経営[金融・財政(的)]危機, 金融不安[恐慌] oil crisis オイルショック, 石油危機

☐ **criteria** 图基準(criterionの複数形) age criteria 年齢基準[制限]

☐ **critical** 圏①批評の, 批判的な ②危機的な, 重大な

☐ **criticism** 图批評, 非難, 反論, 評論

☐ **criticize** 勔①非難する, あら探しをする ②酷評する ③批評する

☐ **cross-held share** 持ち合い株

☐ **cross-holding share** 株式の持ち合い

☐ **cross-shareholdings** 图(企業間の)株式持ち合い

☐ **crown** 图①冠 ②《the –》王位 ③頂, 頂上 勔戴冠する[させる]

☐ **cultural** 圏文化の, 文化的な

☐ **currency** 图①通貨, 貨幣 ②流通, 通用すること

☐ **current** 圏現在の, 目下の, 通用[流通]している 图流れ, 電流, 風潮

☐ **cut back on** ～を削減する

☐ **cutting** 勔 cut (切る) の現在分詞 图①切ること, 裁断, カッティング ②(新聞などの)切り抜き, (挿し木用の)切り枝

D

☐ **Daiei** 图ダイエー《スーパーマーケットの「ダイエー」などを運営する日本の企業》

☐ **daily** 圏毎日の, 日常の 副毎日, 日ごとに 图《-lies》日刊新聞

☐ **damage** 图損害, 損傷 勔損害を与える, 損なう

☐ **deal** 勔①分配する ②《– with [in] ～》～を扱う 图①取引, 扱い ②(不特定の)量, 額 a good [great] deal (of ～) かなり[ずいぶん・大量](の～), 多額(の～)

☐ **dealing** 熟 put off dealing with (問題) の対処を先送りにする

☐ **debt** 图①借金, 負債 ②恩義, 借り excessive debt 過剰債務 government debt 政府債

☐ **debut** 图デビュー, 初登場 勔デビューする

☐ **decade** 图 10年間 decades later 数十年後に Lost Decade 失われた10年

☐ **deceleration** 图減速

☐ **decide to do** ～することに決める

☐ **decided** 勔 decide (決定する) の過去, 過去分詞 圏はっきりした, 断固とした

☐ **declare** 勔①宣言する ②断言する ③(税関で) 申告する

☐ **declare a state of emergency** 緊急事態宣言を発令する

☐ **decline** 勔①断る ②傾く ③衰える 图①傾くこと ②下り坂, 衰え, 衰退

☐ **decrease** 勔減少する 图減少

☐ **deepen** 勔深くする, 深める

A
B
C
D
E
F
G
H
I
J
K
L
M
N
O
P
Q
R
S
T
U
V
W
X
Y
Z

□ **default** 名 ①デフォルト, 初期値, 初期設定 ②(義務などの) 怠慢, 不履行 ③不参加 動 ①(義務・債務などを)怠る ②デフォルトに設定する

□ **defeat** 動 ①打ち破る, 負かす ②だめにする 名 ①敗北 ②挫折

□ **deficit** 名 赤字, 不足 (額) budget deficit 財政赤字 fiscal deficit 財政赤字 government deficit 政府赤字 special deficit-financing bond 特例公債 trade deficit 貿易赤字

□ **define** 動 ①定義する, 限定する ②～の顕著な特性である

□ **deflation** 名 ①デフレ, 物価の下落, 通貨収縮 ②ガスなどを抜くこと, 収縮 asset deflation 資産デフレ general price deflation 一般物価デフレ

□ **deflationary spiral** デフレスパイラル, 景気減速

□ **degree** 名 ①程度, 階級, 位, 身分 ②(温度・角度の) 度

□ **deliver** 動 ①配達する, 伝える ②達成する, 果たす

□ **demand** 動 ①要求する, 尋ねる ②必要とする 名 ①要求, 請求 ②需要 domestic demand 内需

□ **democratic** 形 ①民主主義の, 民主制の ②民主的な

□ **democratization** 名 民主化

□ **democratize** 動 民主化する

□ **department manager** 部長

□ **depend** 動 《 – on [upon] ～》①～を頼る, ～をあてにする ②～による

□ **dependence** 名 依存, 頼ること

□ **deplete** 動 からにする, 使い果たす

□ **depopulation** 名 ①人口 (の) 減少 ②(人口の減少による)過疎 (化)

□ **deposit** 動 ①置く ②預金する ③手付金を払う 名 ①預金, 預かり金 ②手付金

□ **depositor** 名 預金者, 供託者

□ **deregulate** 動 規制を撤廃 [解除] する, 自由化する

□ **deregulation** 名 規制緩和, 自由化

□ **describe** 動 (言葉で) 描写する, 特色を述べる, 説明する

□ **design** 動 設計する, 企てる 名 デザイン, 設計 (図)

□ **designate** 動 ①示す ②(～と) 称する ③指名する

□ **desperate** 形 ①絶望的な, 見込みのない ②ほしくてたまらない, 必死の

□ **despite** 前 ～にもかかわらず

□ **destabilize** 動 ～の安定性を損なう, ～を不安定にする [陥れる]

□ **destination** 名 行き先, 目的地

□ **destiny** 名 運命, 宿命 community with a shared destiny 運命共同体

□ **destroy** 動 破壊する, 絶滅させる, 無効にする

□ **destruction** 名 破壊 (行為・状態) creative destruction 創造的破壊 destruction of the ozone layer オゾン層破壊 price destruction 価格破壊

□ **deteriorating** 形 悪化している, 衰えている

□ **develop** 動 ①発達する [させる] ②開発する

□ **developed economy** 先進国の経済, 先進経済

□ **developed nation** 先進国

□ **developing** 動 develop (発達する) の現在分詞 形 発展 [開発] 途上の

□ **development** 名 ①発達, 発展 ②開発

□ **devote** 動 ①(〜を…に)捧げる ②《 – oneself to 〜》〜に専念する

□ **difficulty** 名 ①むずかしさ ②難局, 支障, 苦情, 異議 ③《-ties》財政困難

□ **digital** 形 ①数字の, 数字表示の, デジタルの ②指の, 指状の digital consumer electronics デジタル家電

□ **direct** 形 まっすぐな, 直接の, 率直な, 露骨な direct financing 直接金融 副 まっすぐに, 直接に 動 ①指導する, 監督する ②(目・注意・努力などを) 向ける directed at 《be – 》〜をターゲットにする

□ **directly** 副 ①じかに ②まっすぐに ③ちょうど

□ **director** 名 管理者, 指導者, 監督 board of directors 取締役会

□ **disaster** 名 災害, 災難, まったくの失敗 natural disaster 自然災害, 天災

□ **discount** 名 ディスカウント, 割引 official discount rate 公定歩合 動 割引する, 軽視する

□ **discussion** 名 討議, 討論

□ **disease** 名 ①病気 ②(社会や精神の) 不健全な状態 Minamata Disease 水俣病《熊本県水俣市にて公式発見された公害病》

□ **disorder** 名 混乱, 無秩序, 乱雑 動 乱す

□ **disparity** 名 格差, 不均衡

□ **disperse** 動 追い散らす, 分散させる

□ **disposable** 形 ①自由に使える, 処分できる ②使い捨ての disposable income 可処分所得

□ **disposal** 名 処分, 廃棄

□ **dispose** 動 ①処理する, 捨てる ②配置する

□ **dispute** 名 論争, 議論 動 反論する, 論争する

□ **distribution** 名 ①分配 ②配布, 配給 ③流通 ④分布, 区分

□ **dividend** 名 《金融》配当(金)

□ **division of labor** 分業体制

□ **doing** 熟 start doing 〜し始める stop doing 〜するのをやめる

□ **dollar-denominated assets** ドル建て資産

□ **domestic** 形 ①家庭の ②国内の, 自国の, 国産の domestic consumption 国内消費 domestic demand 内需

□ **Doraemon** 名 ドラえもん《藤子・F・不二雄による日本の児童SFマンガ。および, 作品内に登場する主人公(未来からやって来たネコ型ロボット) の名前》

□ **double** 形 ①2倍の, 二重の ②対の 副 ①2倍に ②対で 動 ①2倍になる[する] ②兼ねる

□ **doubling** 名 2倍にすること, 倍加

□ **down** 熟 push down 押し倒す

□ **downsizing** 名 〔企業・組織などの〕 人員削減, 経営合理化

□ **downward** 形 下方の, 下向きの, 下降する, 以後の 副 下方へ, 下向きに, 堕落して, 〜以後

□ **drag** 動 ①引きずる ②のろのろ動く [動かす] 名 ①引きずること ②のろのろすること

□ **Dragon Ball** ドラゴンボール《鳥山明による日本のマンガ・アニメ作品。および, その作中に登場するアイテムの名称》

A B C D E F G H I J K L M N O P Q R S T U V W X Y Z

A
B
C
D
E
F
G
H
I
J
K
L
M
N
O
P
Q
R
S
T
U
V
W
X
Y
Z

□ **drinking** 動 drink（飲む）の現在分詞 名 飲むこと，飲酒

□ **driven** 動 drive（車で行く）の過去分詞

□ **drop in value** 《a－》価値の低下［目減り］，価格の下落

□ **dropout** 名 ①〔競争などからの〕脱落（者）②〔学校を卒業する前の〕中途退学（者）③〔既成社会からの〕脱退（者）

□ **drove** 動 drive（車で行く）の過去

□ **due** 形 予定された，期日のきている，支払われるべき 名 当然の権利 due to ～によって，～が原因で

□ **durable** 形 永続する，耐久性のある consumer durable 耐久消費財

□ **dynamic** 形 活動的な，動的な，ダイナミックな dynamic engagement of all citizens 一億総活躍

□ **dysfunction** 名 ①機能障害［不全］②〔社会構成単位の〕逆機能

E

□ **each other** お互いに

□ **eager** 形 ①熱心な ②《be－for ～》～を切望している，《be－to ～》しきりに～したがっている

□ **early retirement** 早期退職

□ **earn** 動 ①儲ける，稼ぐ ②（名声を）博す

□ **earnings** 名 所得，収入，稼ぎ

□ **earthquake** 名 地震，大変動

□ **ease** 名 安心，気楽 動 安心させる，楽にする，ゆるめる

□ **easing** 名 緩和 quantitative and qualitative financial easing 量的・質的金融緩和

□ **eastern** 形 ①東方の，東向きの ②東洋の，東洋風の

□ **easy-money policy** 金融緩和政策，低金利政策

□ **economic** 形 経済学の，経済上の economic boom 好景気，好況 economic growth 経済成長（率），高度成長，経済発展 economic indicator 経済指標 economic superpower 経済大国 rapid economic growth 高度経済成長 rate of real economic growth 実質経済成長率

□ **Economic Partnership Agreement（EPA）** 経済連携協定

□ **Economic White Paper** 経済白書

□ **economy** 名 ①経済，財政 ②節約 bubble economy バブル経済 developed economy 先進国の経済，先進経済 export-led economy 輸出産業

□ **education** 名 教育，教養

□ **effect** 名 ①影響，効果，結果 ②実施，発効 動 もたらす，達成する

□ **effective** 形 効果的である，有効である

□ **effectively** 副 効果的に，効率的に

□ **effectiveness** 名 有効性

□ **efficiency** 名 ①能率，効率 ②能力

□ **efficient** 形 ①効率的な，有効な ②有能な，敏腕な

□ **efficiently** 副 効果的に，能率的に

□ **effort** 名 努力（の成果）

□ **elderly** 形 かなり年配の，初老の

名《the –》お年寄り

☐ **electric** 形電気の, 電動の electric appliance 電気器具 [製品]

☐ **electric-power generation** 発電

☐ **electrical** 形電気の, 電気に関する electrical machinery 電気機械

☐ **electricity** 名電気

☐ **electronic** 形電子工学の, エレクトロニクスの

☐ **electronics** 名エレクトロニクス, 電子工学, 電子機器 consumer electronics 家電 [家庭電化・家庭用電気] 製品 digital consumer electronics デジタル家電 electronics technology エレクトロニクス技術 home electronics 家電 [家庭電化・家庭用電気] 製品 intelligent consumer electronics 情報家電

☐ **eliminate** 動削除 [排除・除去] する, 撤廃する

☐ **embark** 動乗船する, 着手する, 始める

☐ **emerge** 動現れる, 浮かび上がる, 明らかになる

☐ **emergency** 名非常時, 緊急時 declare a state of emergency 緊急事態宣言を発令する 形緊急の emergency loan 緊急融資, つなぎ融資

☐ **emission** 名放出, 放射, 発射, 発光, 排気

☐ **emotionally** 副感情的に, 情緒的に

☐ **employee** 名従業員, 会社員, 被雇用者 passionate salaried employees 猛烈社員

☐ **employer** 名雇主, 使用 [利用] する人

☐ **employment** 名①雇用 ②仕事, 職 employment agency staff 派遣社員 excess employment 過剰雇用 irregular employment 非正規雇用 lifetime employment 終身雇用

☐ **empower** 動〜する権限 [能力・機能] を与える

☐ **enable** 動（〜することを）可能にする, 容易にする

☐ **enact** 動制定する, 成立させる be enacted 起こる

☐ **encourage** 動①勇気づける ②促進する, 助長する

☐ **encouraging** 動 encourage（勇気づける）の過去, 過去分詞 形元気づける

☐ **end** 熟 at the end of 〜の終わりに end up 結局〜になる in the end とうとう, 結局, ついに

☐ **endure** 動①我慢する, 耐え忍ぶ ②持ちこたえる

☐ **energy-efficient** 形燃費がよい, エネルギー効率がよい

☐ **engagement** 名婚約, 約束 dynamic engagement of all citizens 一億総活躍

☐ **engine** 名エンジン, 機関,（精巧な）機械装置

☐ **enormous** 形ばく大な, 非常に大きい, 巨大な

☐ **enter into** 〜に入る

☐ **entertainment** 名①楽しみ, 娯楽 ②もてなし, 歓待

☐ **environment** 名①環境 ②周囲（の状況）, 情勢

☐ **environment-friendly** 形環

A
B
C
D
E
F
G
H
I
J
K
L
M
N
O
P
Q
R
S
T
U
V
W
X
Y
Z

境にやさしい

- [ ] **environmental** 形 ①環境の, 周囲の ②環境保護の
- [ ] **equal** 形 等しい, 均等な, 平等な 動 匹敵する, 等しい 名 同等のもの[人]
- [ ] **equipment** 名 装置, 機材, 道具, 設備 precision equipment 精密機器
- [ ] **equity** 名 ①公正 ②株主資本 ③株 (式) equity ratio 自己資本比率
- [ ] **equivalent** 形 ①同等の, 等しい ②同意義の 名 同等のもの, 等価なもの
- [ ] **essential** 形 本質的な, 必須の 名 本質, 要点, 必需品
- [ ] **establish** 動 確立する, 立証する, 設置[設立]する
- [ ] **estate** 名 不動産, 財産, 遺産, 地所, 土地 real estate 不動産, 土地
- [ ] **EU** 略 欧州連合 (= European Union)
- [ ] **even if** たとえ〜でも
- [ ] **eventually** 副 結局は
- [ ] **ever more** これまで以上に
- [ ] **ever since** それ以来ずっと
- [ ] **everyday** 形 毎日の, 日々の
- [ ] **everywhere** 副 どこにいても, いたるところに
- [ ] **evolution** 名 ①進化 ②展開, 旋回 ③(熱などの) 発生
- [ ] **exacerbate** 動〔悪い状況をさらに〕悪化させる, 深刻にする
- [ ] **exact** 形 正確な, 厳密な, きちょうめんな
- [ ] **examine** 動 試験する, 調査[検査]する, 診察する
- [ ] **example** 熟 for example たとえば

- [ ] **exceed** 動 (程度・限度などを) 超える, 上回る, 勝る
- [ ] **except** 前 〜を除いて, 〜のほかは 接 〜ということを除いて except for 〜を除いて, 〜がなければ
- [ ] **exception** 名 例外, 除外, 異論
- [ ] **excess** 名 ①超過, 過剰 ②不節制 in excess of 〜より多くを, 〜を超えて 形 超過の, 過剰な, 余分の excess capital investment 過剰設備投資 excess employment 過剰雇用 three excesses 3つの過剰
- [ ] **excessive** 形 度を超えた, 行き過ぎた, 極端な excessive debt 過剰債務 excessive inflow 転入超過《転入者が転出者を上回ること》
- [ ] **exchange** 名 為替 exchange rate 為替レート foreign exchange market 外国為替市場 yen exchange rate 円相場
- [ ] **exchange-rate risk** 為替リスク
- [ ] **execlude** 動 (〜を) 排除する, 除外する, 考慮しない
- [ ] **executive** 形 実行の, 執行の 名 ①高官, 実行委員 ②重役, 役員, 幹部
- [ ] **exempt** 動 免除する 形 免除された
- [ ] **existing** 動 exist (存在する) の現在分詞 形 現存の, 現在の, 現行の
- [ ] **expand** 動 ①広げる, 拡張[拡大]する ②発展させる, 拡充する
- [ ] **expansion** 名 拡大, 拡張, 展開
- [ ] **expansionary** 形 拡大性の, 拡大経済の, インフレの
- [ ] **expect** 動 予期[予測]する, (当然のこととして) 期待する
- [ ] **expenditure** 名 ①支出(額), 支払い, 経費, 費用 ②(国家の) 歳出, 支

A
B
C
D
E
F
G
H
I
J
K
L
M
N
O
P
Q
R
S
T
U
V
W
X
Y
Z

出

☐ **explosive** 形 ①爆発性の, 爆発的な ②一触即発の 名 爆発物, 爆薬

☐ **export** 動 輸出する 名 輸出, 国外への持ち出し export industry 輸出産業 torrential exports 集中豪雨的輸出

☐ **export-led economy** 輸出主導型経済

☐ **exporter** 名 輸出業者

☐ **exposed** 動 expose (さらす) の過去, 過去分詞 形 ①雨風 [光, 攻撃, 危険] にさらされた ②露出した, 無防備な ③露呈した, 発覚した

☐ **express** 動 表現する, 述べる 形 ①明白な ②急行の 名 速達便, 急行列車 副 速達で, 急行で

☐ **expressway** 名 高速道路

☐ **extend** 動 ①伸ばす, 延長 [延期] する ②(範囲が) およぶ, 広がる, (期間などが) わたる

☐ **external** 名 外部, 外観, 外面 形 外部の, 外側の, 外国との

☐ **extra-curricular study** 課外学習, 学校外での学習

☐ **extremely** 副 非常に, 極度に

☐ **eye** 熟 keep an eye on ～から目を離さない

F

☐ **facility** 名 ①《-ties》施設, 設備 ②器用さ, 容易さ

☐ **fact** 熟 in fact つまり, 実は, 要するに

☐ **factor** 名 要因, 要素, 因子

☐ **factory** 名 工場, 製造所

☐ **fail** 動 ①失敗する, 落第する [させる] ②《 – to ～》～し損なう, ～できない ③失望させる 名 失敗, 落第点

☐ **failure** 名 ①失敗, 落第 ②不足, 欠乏 ③停止, 減退

☐ **fairness** 名 公平さ, 公明正大さ

☐ **fall behind** 取り残される, 後れを取る

☐ **fall into** ～に陥る, ～してしまう

☐ **fall off** 落ちる, 減る, 衰退する

☐ **fallen** 動 fall (落ちる) の過去分詞 形 落ちた, 倒れた

☐ **falling-off** 名 減少, 減退

☐ **fallout** 名 副産物, 副次的な [予期しない] 影響

☐ **familiarity** 名 熟知, 親しさ, なれなれしさ familiarity with ～に熟知していること

☐ **family-like harmony** 家族的な「和」

☐ **fashion** 名 ①流行, 方法, はやり ②流行のもの (特に服装) in fashion 流行して, はやって

☐ **fast-growing country** 急成長している (成長著しい) 国

☐ **fear** 名 ①恐れ ②心配, 不安 動 ①恐れる ②心配する

☐ **feature** 名 ①特徴, 特色 ②顔の一部, 《-s》顔立ち ③(ラジオ・テレビ・新聞などの) 特集 動 ①(～の) 特徴になる ②呼び物にする

☐ **feature-length** 形 〔映画などが〕長編の

☐ **feeling** 動 feel (感じる) の現在分詞 名 ①感じ, 気持ち ②触感, 知覚 ③同情, 思いやり, 感受性 形 感じる, 感じやすい, 情け深い

☐ **female** 形 女性の, 婦人の, 雌の 名

婦人, 雌

□ **fertilizer** 名①(化学)肥料 ②豊かにする人[物] ③受精媒介者

□ **fever** 名①熱, 熱狂 ②熱病 speculative fever 投機熱 動発熱させる, 熱狂させる

□ **fierce** 形どう猛な, 荒々しい, すさまじい, 猛烈な

□ **fight back** 反撃に転じる, 応戦する

□ **figure** 名①人[物]の姿, 形 ②図(形) ③数字 動①描写する, 想像する ②計算する ③目立つ, (～として)現れる figure out 理解する, ～であるとわかる, (原因などを)解明する

□ **file** 名ファイル, 書類綴じ, 縦列 動①とじ込む, 保管する ②削り取る, やすりをかける

□ **film** 名①フィルム, 映画 ②膜 動映画を製作[撮影]する

□ **final** 形最後の, 決定的な 名①最後のもの ②期末[最終]試験 ③《-s》決勝戦

□ **finance** 名①財政, 財務 ②(銀行からの)資金, 融資 ③《-s》財政状態, 財源 動資金を融通する

□ **finance minister** 財務大臣, 大蔵大臣

□ **financial** 形①財務(上)の, 金融(上)の ②金融関係者の financial crisis 経営[金融・財政(的)]危機, 金融不安[恐慌] financial institution 金融機関 financial product 金融商品 quantitative and qualitative financial easing 量的・質的金融緩和

□ **Financial Services Agency** 金融庁

□ **financing** 名融資, 資金調達, 資金繰り corporate financing 企業金融 direct financing 直接金融

□ **finished goods [products]** 完成品

□ **first** 熟 at first 最初は, 初めのうちは for the first time 初めて

□ **First Oil Crisis** 第一次石油危機

□ **fiscal** 形財務の, 財政上の, 会計の, 国庫の fiscal deficit 財政赤字 fiscal policy 財政政策 fiscal reform 財政改革 fiscal stimulus package 財政刺激策 fiscal year〔政府や自治体の〕会計年度, 財政年度

□ **fishery** 名漁業, 水産業

□ **five advanced nations** 先進5ヵ国, 主要5ヵ国(G5)《米国・英国・ドイツ・フランス・日本》

□ **flare-up** 名〔問題・病気などの〕激発, 突発, カッと怒ること

□ **flexible** 形①(物が)曲がりやすい, しなやかな ②(考えなどが)柔軟性のある, 順応性のある ③(予定・計画などが)融通のきく ④弾力的な, 可塑性のある flexible fiscal policy 機動的な財政政策

□ **floating** 形浮いている, 流動的な

□ **focus** 名①焦点, ピント ②関心の的, 着眼点 ③中心 動①焦点を合わせる ②(関心・注意を)集中させる

□ **followed by** その後に～が続いて

□ **following** 動 follow (ついていく)の現在分詞 形《the－》次の, 次に続く 名《the－》下記のもの, 以下に述べるもの

□ **for example** たとえば

□ **for the first time** 初めて

□ **for ～ years** ～年間, ～年にわたって

□ **force** 名力, 勢い 動①強制する, 力ずくで～する, 余儀なく～させる ②押

しやる, 押し込む

- [ ] **fore** 形 前の, 前方の 副 前に, 前方に 名《the –》前面, 前部
- [ ] **forecast** 名 予想, 予測, 天気予報, 先見 動 ①予見する ②前もって計画をたてる, 予定する ③予測する, 予報する
- [ ] **foreign exchange market** 外国為替市場
- [ ] **foreign-exchange loss** 外国為替差損
- [ ] **foreign-exchange risk** 外国為替リスク
- [ ] **foremost** 形 真っ先の, 第一の 副 真っ先に, 第一に
- [ ] **foreword** 名〔本などの〕前書き, 序文
- [ ] **form** 名 ①形, 形式 ②書式 動 形づくる
- [ ] **forum** 名 公開討論 (の場), 公共広場
- [ ] **forward** 形 ①前方の, 前方へ向かう ②将来の ③先の 副 ①前方に ②将来に向けて ③先へ, 進んで 動 ①転送する ②進める 名 前衛
- [ ] **foster** 動 ①育てる, 促進させる ②心に抱く 形 里親の
- [ ] **framework** 名 骨組み, 構造, 組織
- [ ] **freedom** 名 ①自由 ②束縛がないこと
- [ ] **freeter** 名 フリーター《和製英語》
- [ ] **freezing** 形 酷寒の, こごえるような
- [ ] **frequently** 副 頻繁に, しばしば
- [ ] **friction** 名 摩擦, 不和 trade friction 貿易摩擦
- [ ] **from abroad** 海外から
- [ ] **from this point on** この地点から先は

- [ ] **from ～ to ...** ～から…まで
- [ ] **fuel-cell hybrid vehicle** 燃料電池自動車
- [ ] **fuel-efficient** 形 燃費がよい, 低燃費の
- [ ] **Fukushima Daiichi nuclear power plant of Tokyo Electric Power Company (TEPCO)** 東京電力福島第一原子力発電所
- [ ] **fulfill** 動 (義務・約束を) 果たす, (要求・条件を) 満たす
- [ ] **full-scale** 形 全面的な, 本格的な, 実物大の
- [ ] **full-time** 名 常勤の, 専任の
- [ ] **function** 動 働く, 機能する 名 機能, 作用 governance function ガバナンス機能
- [ ] **fund** 名 ①資金, 基金, 財源 ②金 ③公債, 国債 動 ①資金を出す ②長期公債の借り換えをする
- [ ] **further** 形 いっそう遠い, その上の, なおいっそうの 副 いっそう遠く, その上に, もっと 動 促進する
- [ ] **future** 熟 in the future 将来は well into the future 将来にわたっても

G

- [ ] **G5** 略《the –》主要5カ国《米国・英国・ドイツ・フランス・日本》(= Group of Five)
- [ ] **gap** 名 ギャップ, 隔たり, すき間 wealth gap 貧富の差 動 すき間ができる
- [ ] **garner** 動〔情報を〕集める
- [ ] **gas** 名 ①ガス, 気体 ②ガソリン

A
B
C
D
E
F
G
H
I
J
K
L
M
N
O
P
Q
R
S
T
U
V
W
X
Y
Z

A
B
C
D
E
F
G
H
I
J
K
L
M
N
O
P
Q
R
S
T
U
V
W
X
Y
Z

greenhouse gases 温室効果ガス 動 ガス［ガソリン］を供給する

□ **GDP** 略 国内総生産（＝gross domestic product） real GDP 実質GDP

□ **general** 形 ①全体の, 一般の, 普通の ②おおよその ③（職位の）高い, 上級の general account 一般会計 general machinery 一般機械 general price deflation 一般物価デフレ

□ **generation** 名 発生, 生成 electric-power generation 発電

□ **German** 形 ドイツ（人・語）の 名 ①ドイツ人 ②ドイツ語

□ **get out of** ～から下車する, ～から取り出す, ～から外へ出る［抜け出る］ get out of control 手に負えなくなる, コントロール［抑え］が利かなくなる

□ **get rid of** ～を取り除く

□ **get someone to volunteer for** （人に）～を志願させる

□ **get worse** 悪化する

□ **gigantic** 形 巨大な, 膨大な

□ **Gini coefficient** ジニ係数, 国民所得分配係数《社会における所得分配の不平等さを測る尺度の一つ》

□ **give birth to** ～を生む

□ **give up** あきらめる, やめる

□ **global** 形 地球（上）の, 地球規模の, 世界的な, 国際的な global warming 地球温暖化

□ **gloomy** 形 ①憂うつな, 陰気な ②うす暗い

□ **GNP** 略 国民総生産（＝gross national product）

□ **go ahead** 進んで行う, 思い切って～する

□ **go bankrupt** 倒産する

□ **go into** ～に入る, ～に陥る

□ **go on** 続く, 進み続ける, 起こる

□ **go on to** ～に移る, ～に取り掛かる

□ **go out to work** 仕事に出かける

□ **go through** 通り抜ける, 一つずつ順番に検討する

□ **gold** 名 金, 金貨, 金製品, 金色 形 金の, 金製の, 金色の

□ **goods** 名 ①商品, 品物 ②財産, 所有物 finished goods 完成品

□ **govern** 動 治める, 管理する, 支配する

□ **governance** 名 ①〔国家・君主などが国・国民などに対して行う政治的な〕支配, 統治 ②〔学校・企業などの〕管理, 運営 governance function ガバナンス機能

□ **government** 名 政治, 政府, 支配 central government 中央政府 government bond 国債 government debt 政府債 government deficit 政府赤字 local government 地方自治体, 地方政府 smaller government 小さな政府 U.S. government bond 米国債

□ **governor** 名 ①知事 ②支配者, （学校・病院・官庁などの）長 central bank governor 中央銀行総裁

□ **gradually** 副 だんだんと

□ **graduate** 動 卒業する 名 卒業生, （～学校の）出身者

□ **graduation** 名 卒業（式）

□ **grail** 名 〔努力を要する〕究極の目的

□ **grant** 動 ①許可する, 承諾する ②授与する, 譲渡する ③（なるほどと）認める take ～ for granted ～を当然のことと思う 名 授与されたもの

□ **great** 熟 a great deal 多くのこと［もの］a great deal of 多量の, 大量の

□ **Great East Japan Earthquake** 《the –》東日本大震災

□ **greenhouse** 名温室 形温室効果の greenhouse gases 温室効果ガス

□ **gross** 形 ①総計の, 全体の ②ひどい, (食べ物が)粗末な, 不快な 名総計, 総予算, 全体

□ **gross national product** 国民総生産（GNP）

□ **grouping** 名グループ, グループ分け

□ **growing** 動 grow（成長する）の現在分詞 形成長期にある, 大きくなりつつある

□ **growth** 名成長, 発展 形成長している economic growth 経済成長（率）, 高度成長, 経済発展 growth industry 成長産業 growth rate 成長［増加］率［速度］growth strategy designed to stimulate private-sector investment 民間投資を喚起する成長戦略 rapid economic growth 高度経済成長 rate of real economic growth 実質経済成長率

□ **guidance** 名案内, 手引き, 指導 administrative guidance 行政指導

H

□ **haken-giri** 名派遣切り

□ **halt** 動 ①止まる, 停止する ②もたもたする, 筋が通らない 名中止, 休止

□ **halve** 動 ①半分になる ②半分にする, 等分する, 半減させる

□ **hand** 熟 on the other hand 一方, 他方では

□ **handle** 名取っ手, 握り 動 ①手を触れる ②操縦する, 取り扱う

□ **hard to** ～し難い

□ **hardworking** 形勤勉な, よく働く

□ **harm** 名害, 損害, 危害 動傷つける, 損なう

□ **harmonious** 形調和のとれた, 仲むつまじい

□ **harmony** 名調和, 一致, ハーモニー

□ **Haruhiko Kuroda** 黒田東彦（1944–）《第31代日本銀行総裁》

□ **have no choice but to** ～するしかない

□ **have nothing to do with** ～と何の関係もない

□ **have worry about** ～に不安を抱く［持つ］

□ **Hayao Miyazaki** 宮崎駿（1941–）《日本のアニメーション作家, 映画監督》

□ **Hayato Ikeda** 池田勇人（1899–1965）《第58～60代内閣総理大臣》

□ **headquarter** 動～の本部を置く

□ **headquarters** 名本部, 司令部, 本署

□ **health care** 医療

□ **heavy-chemicals** 形重化学の

□ **helping** 動 help（助ける）の現在分詞 名 ①助力, 手助け ②（食べ物の）ひと盛り, 1杯, お代わり 形救いの, 助けの

□ **high-quality** 形高品質の

□ **high-tech** 〔技術が〕ハイテクの,

A B C D E F G H I J K L M N O P Q R S T U V W X Y Z

先端技術の

□ **high-value-added** 形 高付加価値の, 付加価値の高い

□ **highly** 副 ①大いに, 非常に ②高度に, 高位に ③高く評価して, 高価で

□ **Highway Public Corporation** 道路関係公団

□ **hikikomori** 名 ひきこもり

□ **hinder** 動 妨害する, じゃまする

□ **hire** 動 雇う, 賃借りする 名 雇用, 賃借り, 使用料

□ **Hiroshima** 名 広島《地名》

□ **Hitachi** 名 日立製作所《茨城県日立市で創業した世界有数の総合電機メーカー》

□ **hollow** 名 ①へこみ ②空白 形 うつろな, くぼんだ

□ **hollowing out of industry** 産業の空洞化

□ **holy** 形 聖なる, 神聖な

□ **Holy Grail** 困難な探求の対象, 渇望の品, 至高の目標《元の意味である「聖杯」を探求する伝説から転じて》

□ **home** 熟 at home 自宅で, 在宅して, 自国で stay at home 家にこもる, 国内にとどまる home (electric [electronic]) appliance 家庭電気製品, 家電器具[製品] home electronics 家電[家庭電化・家庭用電気]製品 home video game 家庭用ビデオゲーム

□ **homemaker** 名 専業主婦

□ **Honda Motor** 名 本田技研工業, ホンダ《日本の大手輸送機器メーカー》

□ **household** 名 家族, 世帯 low-income household 低所得世帯 single-parent household ひとり親世帯 形 家族の

□ **housework** 名 家事

□ **hover** 動 ①(ヘリコプター・鳥などが) 停止飛行する, 旋回する, ホバーリングする ②うろつく

□ **how to** 〜する方法

□ **however** 副 たとえ〜でも 接 けれども, だが

□ **Hubei Province** 湖北省《中国の地名》

□ **huge** 形 巨大な, ばく大な

□ **human resources** 人材, 人的資源

□ **human-resources** 形 人事の, 人材の

□ **hybrid vehicle** ハイブリッド車[カー]《エンジンと電気モーターの二つの動力を併用して駆動する自動車》 fuel-cell hybrid vehicle 燃料電池自動車

I

□ **ideally** 副 理想的に, 申し分なく

□ **if** 熟 as if あたかも〜のように, まるで〜みたいに even if たとえ〜でも

□ **imaginative** 形 想像力豊かな

□ **immediate** 形 さっそくの, 即座の, 直接の

□ **impact** 名 影響力, 反響, 効果 動 ①詰め込む ②衝突する

□ **impediment** 名 妨げ, 障害

□ **implement** 名 ①道具 ②履行 動 ①実行する ②道具[手段]を提供する

□ **import** 動 輸入する 名 輸入, 輸入品

□ **importance** 名 重要性, 大切さ

□ **impose** 動課す, 負わせる, 押しつける

□ **improve** 動改善する[させる], 進歩する

□ **improvement** 名改良, 改善

□ **in addition** 加えて, さらに

□ **in addition to** ～に加えて, さらに

□ **in excess of** ～より多くを, ～を超えて

□ **in fact** つまり, 実は, 要するに

□ **in fashion** 流行して, はやって

□ **in order to** ～するために, ～しようと

□ **in other words** すなわち, 言い換えれば

□ **in small steps** 少しずつ, だんだんと

□ **in terms of** ～の言葉で言えば, ～の点から

□ **in the end** とうとう, 結局, ついに

□ **in the future** 将来は

□ **in the world** 世界で

□ **in this way** このようにして

□ **in turn** 順番に, 立ち代わって

□ **inbound** 形入ってくる, 到着する inbound tourists 訪日外国人旅行客（インバウンド）

□ **Inc.** 略法人組織の, 有限責任の（= incorporated）

□ **include** 動含む, 勘定に入れる

□ **including** 動include（含む）の現在分詞 前～を含めて, 込みで

□ **income** 名収入, 所得, 収益 disposable income 可処分所得 national income 国民所得 relative income poverty 相対的貧困

□ **Income Doubling Plan** 所得倍増計画《1960年に池田内閣の下で策定された長期経済計画》

□ **increase** 動増加[増強]する, 増やす, 増える 名増加（量）, 増大 on the increase 増加して

□ **increasing domestic demand** 内需拡大

□ **increasingly** 副ますます, だんだん

□ **independence** 名独立心, 自立

□ **indicator** 名指標, 指針 economic indicator 経済指標

□ **indices** 名index（索引, 指標）の複数形

□ **indirect** 形間接的な, 二次的な indirect financing 間接金融

□ **individual** 形独立した, 個性的な, 個々の 名個体, 個人

□ **individuality** 名個性, 特性, 個人

□ **indoors** 副室内で, 屋内で

□ **industrial** 形工業の, 産業の industrial policy 産業政策 industrial production 鉱工業生産

□ **Industrial Revitalization Corporation of Japan** 産業再生機構

□ **industry** 名産業, 工業 auto industry 自動車産業 basic industry 基幹産業 export industry 輸出産業 growth industry 成長産業 textile industry 繊維産業

□ **inefficiency** 名非能率, 能力不足

□ **inefficient** 形効果のない, 能率[効率]の悪い, 不振の

□ **inequality** 名①不平等, 不均衡 ②《-ties》起伏, （表面の）荒いこと ③（天候・温度の）変動 ④不等式

A
B
C
D
E
F
G
H
I
J
K
L
M
N
O
P
Q
R
S
T
U
V
W
X
Y
Z

□ **infect** 動 ①感染する, 伝染する ②（病気を）移す ③影響を及ぼす

□ **infection** 名（病気など）感染, 伝染

□ **inflation** 名 ①膨張 ②インフレーション《物価の暴騰》inflation target インフレターゲット, インフレ目標

□ **inflict** 動 ①（相手にとって嫌なこと・苦痛になることを）与える, 課する ②（人）を苦しめる, （人）に重荷を負わせる

□ **inflow** 名流入（すること） excessive inflow 転入超過《転入者が転出者を上回ること》

□ **influence** 名影響, 勢力 動影響をおよぼす

□ **infrastructure** 名社会基盤, インフラ

□ **initiate** 動〔通例重要なことを〕始める, 開始する

□ **initiative** 名主導権, イニシアチブ

□ **inject** 動注射［注入］する

□ **innovation** 名 ①革新, 刷新 ②新しいもの, 新考案 technological innovation 技術革新

□ **inroad** 名《通例 -s》侵入, 進出

□ **instability** 名不安定（性）

□ **instead** 副その代わりに

□ **institution** 名 ①設立, 制定 ②制度, 慣習 ③協会, 公共団体 financial institution 金融機関

□ **instruct** 動 ①教える, 教育する ②指図［命令］する

□ **insurance** 名保険

□ **insure** 動 ①保険をかける ②保証する, 請け合う

□ **integrate** 動 ①統合する, 一体化する ②溶け込ませる, 溶け込む, 差別をなくす

□ **intelligent** 形頭のよい, 聡明な intelligent consumer electronics 情報家電

□ **intense** 形 ①強烈な, 激しい ②感情的な

□ **intensity** 名強烈さ, 激しさ maximum seismic intensity 最大震度

□ **interdependence** 名〔人・物の〕持ちつ持たれつの関係, 相互依存

□ **interest payment** 利払い

□ **interest rate** 金利, 利率

□ **intermittent** 形断続的な

□ **international comparison** 国際比較

□ **international competitiveness** 国際競争力

□ **internationalization** 名国際化

□ **internationally** 副国際的に

□ **interpretation** 名 ①解釈 ②通訳

□ **intervention** 名介入, 仲裁, 調停, 干渉

□ **introduction** 名紹介, 導入

□ **invest** 動投資する, （金・精力など を）注ぐ

□ **investment** 名投資, 出資 capital investment 設備投資 growth strategy designed to stimulate private-sector investment 民間投資を喚起する成長戦略 private-sector investment 民間投資

□ **involve** 動 ①含む, 伴う ②巻き込む, かかわらせる

□ **involved** 動 involve（含む）の過去, 過去分詞 形 ①巻き込まれている, 関

連する ②入り組んだ, 込み入っている

□ **iron** 名①鉄, 鉄製のもの ②アイロン 形鉄の, 鉄製の 動アイロンをかける

□ **irregular** 形不規則な, ふぞろいの irregular employment 非正規雇用

□ **isolated** 動 isolate (隔離する) の過去, 過去分詞 形隔離した, 孤立した socially isolated《be –》社会的に孤立している

□ **issuance** 名発行, 支給, 発布, 配給

□ **issue** 名①問題, 論点 ②発行物 ③出口, 流出 labor issue 労働問題 political issue 政治問題 動①(~から) 出る, 生じる ②発行する

□ **It is ～ for someone to ...** (人) が…するのは～だ

□ **Itai-Itai Disease** イタイイタイ病 《富山県で発生した日本初の公害病》

□ **itemize** 動項目別[個条書き]にする

□ **itself** 代それ自体, それ自身

□ **Iwato Boom** 岩戸景気《1958年7月～1961年12月まで42ヵ月間続いた高度経済成長時代の好景気》

□ **Izanagi Boom** いざなぎ景気《1965年11月～1970年7月まで57ヵ月間続いた高度経済成長時代の好景気》

□ **Izanami Boom** いざなみ景気《2002年2月～2008年2月まで73ヵ月間続いた好景気》

J

□ **Japan** 名日本《国名》

□ **Japan External Trade Organization (JETRO)** 日本貿易振興機構

□ **Japan Inc.** 日本株式会社, ジャパン・インク《日本の国民経済を会社に例えて用いられる用語, 概念》

□ **Japan National Railways** 日本国有鉄道, 国鉄《1987年に分割民営化され消滅した》

□ **Japan National Tourism Organization** 日本政府観光局《国土交通省 (観光庁) 所管の独立行政法人》

□ **Japan premium** ジャパン・プレミアム, 邦銀向け上乗せ金利

□ **Japan Tobacco and Salt Public Corporation** 日本専売公社《1985年に民営化され, 日本たばこ産業株式会社 (JT) が設立された》

□ **Japan Tourism Agency (JTA)** 観光庁

□ **Japan-made** 形日本製の

□ **Japan-U.S. Framework for New Economic Partnership** 日米包括経済協議

□ **Japanese** 形日本 (人・語) の 名①日本人 ②日本語

□ **Japanese Big Bang** 日本型ビッグバン

□ **Japanese-made** 形日本製の

□ **Japanese-style management system** 日本型経営システム

□ **jewel** 名宝石, 貴重な人[物] 動宝石で飾る

□ **Jimmu Boom** 神武景気《1965年11月～1970年7月まで57ヵ月間続いた高度経済成長時代の好景気》

□ **job counseling** 就職相談

□ **job placement service** 職業紹介サービス

□ **jobseeker** 名 求職者

□ **jointly** 副 共同で, 一緒に

□ **JTA** 略 観光庁 (＝ Japan Tourism Agency)

□ **Junichiro Koizumi** 小泉純一郎 (1942–)《第87～89代内閣総理大臣》

□ **"just-in-time production" system** ジャスト・イン・タイム方式

K

□ **kaishaningen** 名 会社人間

□ **kaizen** 名 改善, カイゼン

□ **kanban** 名 看板, カンバン kanban system カンバン方式

□ **Kanebo** 名 カネボウ《日本の大手化粧品会社》

□ **keep an eye on** ～から目を離さない

□ **keiretsu** 名 系列

□ **kingdom** 名 王国

□ **known as** 《be –》～として知られている

□ **Korean War** 朝鮮戦争 (1950–53)

□ **Kyoto** 名 京都《地名》

□ **Kyoto Protocol** 京都議定書《1997年に採択された気候変動枠組条約に関する議定書》

L

□ **labor** 名 労働, 骨折り company labor union 企業組合 division of labor 分業体制 labor issue 労働問題 labor market 労働市場 動 ①働く, 努力する, 骨折る ②苦しむ, 悩む

□ **Labor Standards Law** 労働基準法

□ **labor-management** 形 労使の [に関する]

□ **land myth** 土地神話

□ **land taxation** 土地税制

□ **land-holding tax** 地価税, 土地保有税

□ **land-sharking** 名 強引な手口の地上げ

□ **large** 熟 at large 全体として, 広く

□ **large-scale** 形 大規模の

□ **last of all** 最後に

□ **latest** 形 ①最新の, 最近の ②最も遅い 副 最も遅く, 最後に

□ **latter** 形 ①後の, 末の, 後者の ②《the –》後者《代名詞的に用いる》

□ **launch** 動 ①(ロケットなどを) 打ち上げる, 発射する ②進水させる ③(事業などを) 始める

□ **lay** 動 ①置く, 横たえる, 敷く ②整える ③卵を産む ④lie (横たわる) の過去 lay off レイオフする, 一時解雇する

□ **layer** 名 層, 重ね ozone layer オゾン層 動 層になる [する]

□ **LDP** 略《the –》《日》自由民主党, 自民党 (＝ Liberal Democratic Party)

□ **lead time** リードタイム《製品の企画 [発注] から生産開始 [納品] までに要する時間》

□ **lead to** ～に至る, ～に通じる, ～を引き起こす

□ **leadership** 名 指揮, リーダーシップ

□ **leading** 動 lead (導く) の現在分詞 形 主要な, 指導的な, 先頭の leading role 主導的役割 take a leading role in ～で主導的役割を担う [果たす]

□ **led** 動 lead（導く）の過去, 過去分詞

□ **legally** 副 合法的に, 法律的に

□ **Lehman Brothers** 《－ Holdings Inc.》リーマン・ブラザーズ《かつてアメリカ・ニューヨークに本社を置いていた大手証券持株会社。2008年9月に経営破綻した》

□ **Lehman shock** リーマン・ショック《リーマン・ブラザーズが2008年9月15日に経営破綻したことを発端とする, 一連の世界規模の金融危機を呼ぶ日本における通称》

□ **lend** 動 貸す, 貸し出す **lend out** 貸し出す

□ **length** 名 長さ, 縦, たけ, 距離

□ **lent** 動 lend（貸す）の過去, 過去分詞

□ **level** 名 ①水平, 平面 ②水準 形 ①水平の, 平たい ②同等[同位]の 動 ①水平にする ②平等にする

□ **liberal** 形 ①自由主義の, 進歩的な ②気前のよい 名 自由主義者

□ **liberalization** 名 自由化 **trade liberalization** 貿易自由化

□ **liberalize** 動 ①自由化する ②（規制などを）緩める

□ **lie** 動 ①うそをつく ②横たわる, 寝る ③（ある状態に）ある, 存在する **lie behind** ～の後方[背後]にある 名 うそ, 詐欺

□ **life** 熟 **bring back to life** 生き返る, 息を吹き返す

□ **lifestyle** 名 生活様式, ライフスタイル

□ **lifetime** 名 ①一生, 生涯 ②寿命 **lifetime employment** 終身雇用

□ **lift** 動 ①持ち上げる, 上がる ②取り除く, 撤廃する 名 ①持ち上げること ②エレベーター, リフト

□ **like this** このような, こんなふうに

□ **likely** 形 ①ありそうな, （～）しそうな ②適当な 副 たぶん, おそらく

□ **limit** 名 限界, 《-s》範囲, 境界 動 制限[限定]する

□ **limited** 動 limit（制限する）の過去, 過去分詞 形 限られた, 限定の

□ **link** 名 ①（鎖の）輪 ②リンク ③相互[因果]関係 動 連結する, つながる

□ **liquid** 名 液体 形 ①液体（状）の, 流動する ②流ちょうな ③澄んだ ④不安定な

□ **liquidity** 名 流動性, 流動資産 **liquidity risk** 流動性リスク

□ **list** 名 名簿, 目録, 一覧表 動 名簿[目録]に記入する

□ **living** 動 live（住む）の現在分詞 名 生計, 生活 形 ①生きている, 現存の ②使用されている ③そっくりの

□ **loan** 名 貸付（金）, ローン **bad loan** 不良債権 **emergency loan** 緊急融資, つなぎ融資 **non-performing loan** 不良債権 **subprime loan** サブプライムローン《信用度の低い顧客に高金利で貸し出す融資》 動 貸す

□ **local government** 地方自治体, 地方政府

□ **local production** 現地生産

□ **lockdown** 名 ロックダウン, 封鎖《暴動や感染病が発生したとき, 安全のために人々を建物（または特定の場所）の中に閉じ込めておくこと。また, 外部から人が入ることを禁じること》

□ **long-term** 形 長期の

□ **longer** 熟 **no longer** もはや～でない[～しない]

□ **look back at** ～に視線を戻す, ～

A
B
C
D
E
F
G
H
I
J
K
L
M
N
O
P
Q
R
S
T
U
V
W
X
Y
Z

を振り返って見る

□ **look for** 〜を探す

□ **loosen** 動 ①ゆるめる, ほどく ②解き放つ

□ **loss** 名 ①損失(額・物), 損害, 浪費 ②失敗, 敗北 foreign-exchange loss 外国為替差損

□ **Lost Decade** 失われた10年

□ **lot of** 《a 〜》たくさんの〜

□ **low-income households** 低所得世帯

□ **low-priced** 形 低価格の, 安値の

□ **lower** 形 もっと低い, 下級の, 劣った 動 下げる, 低くする

□ **loyal** 形 忠実な, 誠実な 名 忠実, 愛国者

□ **loyalty** 名 忠義, 忠誠

□ **luxury** 形 豪華な, 高級な, 贅沢な 名 豪華さ, 贅沢(品)

M

□ **machinery** 名 機械類[装置] electrical machinery 電気機械 general machinery 一般機械 transportation machinery 輸出用機械

□ **mad** 形 ①気の狂った ②逆上した, 理性をなくした ③ばかげた ④(〜に)熱狂[熱中]して, 夢中の

□ **made up of** 《be 〜》〜で構成されている

□ **made-in-China** 形 中国製の

□ **magnitude** 名 マグニチュード《単位》

□ **main** 形 主な, 主要な main bank メインバンク main bank system メ

インバンクシステム

□ **mainly** 副 主に

□ **mainstream** 名 主流, 本流, 大勢 形 主流の

□ **maintain** 動 ①維持する ②養う

□ **major** 形 ①大きいほうの, 主な, 一流の ②年長[古参]の 名 ①陸軍少佐 ②専攻科目 動 専攻する major shareholder 大株主, 主要株主

□ **majority** 名 ①大多数, 大部分 ②過半数

□ **make it possible for 〜 to ...** 〜が…できるようにする

□ **make sure that** 〔that以下〕を確認する, 確実になるようにする

□ **make 〜 into** 〜を…に仕立てる

□ **making** 動 make(作る)の現在分詞 名 制作, 製造

□ **Malaysia** 名 マレーシア《国名》

□ **male** 形 男の, 雄の 名 男, 雄

□ **management** 名 ①経営, 取り扱い ②運営, 管理(側) management position 管理職 management system 経営管理システム, 管理体制 production management 生産管理システム

□ **manga** 名 マンガ

□ **manner** 名 ①方法, やり方 ②態度, 様子 ③《-s》行儀, 作法, 生活様式

□ **manufacture** 動 製造[製作]する 名 製造, 製作, 製品

□ **manufacturer** 名 製造業者, メーカー

□ **mark** 名 ①印, 記号, 跡 ②点数 ③特色 動 ①印[記号]をつける ②採点する ③目立たせる

□ **marked** 動 mark(印をつける)の過去, 過去分詞 形 ①目立つ, 顕著な

②印のある, マークされた

□ **marketing** 名①マーケティング ②〔市場における〕売買, 取引

□ **mass-produce** 動大量生産する, 量産する

□ **mass-production** 名大量生産

□ **master** 名主人, 雇い主, 師, 名匠 動①修得する ②〜の主となる

□ **matching** 形調和する

□ **material** 形①物質の, 肉体的 な ②不可欠な, 重要な 名材料, 原料 raw material 原材料, 原料, 素材

□ **matter of urgency** 《a –》緊急 を要する問題, 事柄

□ **maximum** 形最大限の, 最高の maximum seismic intensity 最大 震度 名最大(限), 最高

□ **meaning** 名①意味, 趣旨 ②重要 性

□ **meanwhile** 副それまでの間, 一方 では

□ **measure** 動①測る, (〜の)寸法が ある ②評価する 名①寸法, 測定, 計 量, 単位 ②程度, 基準

□ **mechanism** 名機構, 仕組み

□ **media** 名メディア, マスコミ, 媒体

□ **median** 形中央の, 中間の 名メジ アン, 中央値 national median 全国 の中央値

□ **meeting** 動meet(会う)の現在分 詞 名①集まり, ミーティング, 面会 ②競技会

□ **method** 名①方法, 手段 ②秩序, 体系

□ **METI** 略経済産業省(= Ministry of Economy, Trade and Industry)

□ **Mexico** 名メキシコ《国名》

□ **mid-** 〜半ば, 〜中間の, 〜中央の

□ **middle** 名中間, 最中 形中間の, 中央の

□ **Middle East** 中東

□ **middle-aged** 形中高年の

□ **might** 助《mayの過去》①〜かもし れない ②〜してもよい, 〜できる 名 力, 権力

□ **migrate** 動移住する, 移動する, 回 遊する

□ **military** 形軍隊[軍人]の, 軍事の 名《the –》軍, 軍部

□ **Minamata Disease** 水俣病《熊 本県水俣市にて公式発見された公害 病》

□ **minister** 名大臣, 閣僚, 公使 finance minister 財務大臣, 大蔵大 臣 prime minister 首相, (日本の)内 閣総理大臣

□ **ministry** 名①《M-》内閣, 省庁 ②大臣の職務 ③牧師の職務

□ **Ministry of Economy, Trade and Industry** 経済産業省, METI (略)

□ **Ministry of Finance** 財務省, 大蔵省, MOF(略)

□ **Ministry of Health, Labor and Welfare** 厚生労働省, MHLW (略).

□ **Ministry of International Affairs and Communications** 総務省, MIC(略)

□ **Ministry of International Trade and Industry** 通産省, 通 商産業省, MITI(略)

□ **Ministry of Land, Infrastructure, Transport and Tourism** 国土交通省, MLIT

（略）

- [ ] **minus** 前 ～を引いた 形 負の, (～) 以下の 名 不足, 欠損
- [ ] **mire** 動 窮地 [苦境] に陥らせる
- [ ] **mismatch** 名 ミスマッチ, 不釣り 合い (な組み合わせ), 不一致
- [ ] **MITI** 略 通産省, 通商産業省 (= Ministry of International Trade and Industry)
- [ ] **Mitsubishi** 名 三菱《日本三大財 閥の一つ》
- [ ] **Mitsui** 名 三井《日本三大財閥の一 つ》
- [ ] **model** 名 ①模型, 設計図 ②模範 形 模範の, 典型的な 動 (～をもとに して) 作る, 模型を作る
- [ ] **MOF** 略 財務省 (= Ministry of Finance)
- [ ] **mold** 名 ①型, 鋳型 ②特徴 ③かび 動 ①型に入れて作る, 形成する ②か びさせる, かびる
- [ ] **monetary** 形 通貨の, 貨幣の, 金銭 上の bold monetary policy 大胆な 金融政策
- [ ] **mood** 名 気分, 機嫌, 雰囲気, 憂うつ mood of self-restraint 自粛ムード
- [ ] **more** 熟 ever more これまで以上 に more and more ますます
- [ ] **motivated** 動 motivate (やる気に させる) の過去, 過去分詞 形 やる気の ある
- [ ] **motor** 名 モーター, 発動機 動 車で 行く
- [ ] **mouretsushain** 名 猛烈社員
- [ ] **movement** 名 ①動き, 運動 ②《-s》行動 ③引っ越し ④変動
- [ ] **moving** 動 move (動く) の現在分 詞 形 ①動いている ②感動させる

- [ ] **much** 熟 too much 過度の
- [ ] **multiply** 動 ①掛け算をする ②数 が増える, 繁殖する
- [ ] **myth** 名 神話 land myth 土地神話

N

- [ ] **nation** 名 国, 国家, 《the –》 国民 advanced nation 先進国 developed nation 先進国
- [ ] **national** 形 国家 [国民] の, 全国の gross national product 国民総生産 (GNP) national income 国民所得 national median 全国の中央値
- [ ] **natural disaster** 自然災害, 天災, 不可抗力
- [ ] **natural resource** 自然資源, 天 然資源
- [ ] **naturally** 副 生まれつき, 自然に, 当然
- [ ] **nearly** 副 ①近くに, 親しく ②ほと んど, あやうく
- [ ] **necessary** 形 必要な, 必然の 名 《-s》必要品, 必需品
- [ ] **necessity** 名 必要, 不可欠, 必要品
- [ ] **need to do** ～する必要がある
- [ ] **NEET** 名 ニート (= Not in Education, Employment or Training) 《就学・就労していない, また職業訓練 も受けていない若者のこと》
- [ ] **negative** 形 ①否定的な, 消極的 な ②負の, マイナスの, (写真が) ネガ の 名 ①否定, 反対 ②ネガ, 陰画, 負数, マイナス
- [ ] **negligence** 名 怠慢, 不注意
- [ ] **negotiate** 動 交渉 [協議] する
- [ ] **negotiation** 名 交渉, 話し合い

□ **network** 图 回路, 網状組織, ネットワーク

□ **new normal** ニューノーマル, 新しい生活様式

□ **New Zealand** 图 ニュージーランド《国名》

□ **news** 图 報道, ニュース, 便り, 知らせ

□ **newspaper** 图 新聞(紙)

□ **Nikkei Stock Average** 日経平均株価

□ **Nintendo** 图 任天堂《主に玩具やコンピュータゲームの開発・製造・販売を行う日本の企業》

□ **Nippon Telegraph and Telephone Public Corporation** 日本電信電話公社《略称は「電電公社」, 現在の日本電信電話株式会社(NTT)の前身》

□ **Nixon** 图《Richard Milhous – 》ニクソン(1913–1994)《アメリカ合衆国第37代大統領》

□ **Nixon Shock** ニクソン・ショック《米大統領のニクソンが1971年に電撃発表した, 既存の世界秩序を変革する2つの大きな方針転換のこと。1971年の中国訪問予告と翌年の米中共同宣言, 1971年の金・ドル交換の停止を指す》

□ **no longer** もはや〜でない[〜しない]

□ **no one** 誰も[一人も] 〜ない

□ **Nomura Institute of Capital Markets Research** 野村資本市場研究所

□ **non-financial company** 非金融会社

□ **non-performing loan** 不良債権

□ **non-tariff barrier** 非関税障壁

□ **nonetheless** 副 それでもなお, それにもかかわらず

□ **nor** 接 〜もまたない

□ **normal** 形 普通の, 平均の, 標準的な 图 平常, 標準, 典型 new normal ニューノーマル, 新しい生活様式 normal interest rate 正常利子率

□ **nosedive** 動 〔株価などのが〕暴落[急落]する

□ **nothing** 熟 have nothing to do with 〜と何の関係もない

□ **novel** 形 ①新しい種類の, 新手の ②《医》〔ウイルスなどが〕新型の novel coronavirus 新型コロナウイルス

□ **nuclear** 形 核の, 原子力の

□ **numerical** 形 数(字)の, 実数の

□ **numerous** 形 多数の

□ **nursing** 動 nurse(看病する)の現在分詞 图 看病, 育児

□ **nurture** 動 養育する, 育てる 图 養育

O

□ **obstruct** 動 ふさぐ, 妨害する

□ **occasional** 形 時折の, まれの, 偶然の

□ **occupation** 图 ①職業, 仕事, 就業 ②占有, 居住, 占領

□ **occur** 動 (事が)起こる, 生じる, (考えなどが)浮かぶ

□ **OECD** 略 経済協力開発機構(= Organisation for Economic Co-operation and Development)

□ **off** 熟 fall off 落ちる, 減る, 衰退する lay off レイオフする, 一時解雇す

□ **offer** 動 申し出る, 申し込む, 提供する 名 提案, 提供

□ **official discount rate** 公定歩合

□ **officially** 副 公式に, 職務上, 正式に

□ **oil** 名 ①油, 石油 ②油絵の具, 油絵 動 油を塗る[引く], 滑らかにする **oil crisis** オイルショック, 石油危機

□ **Okinawa** 名 沖縄《地名》

□ **Olympic** 形 ①オリンピックの ②《the O- games》オリンピック大会

□ **Olympic Boom** オリンピック景気《1962年11月〜1964年10月まで続いた好景気》

□ **on (the) average** 平均して

□ **on the increase** 増加して

□ **on the other hand** 一方, 他方では

□ **on the way** 途中で

□ **on time** 時間どおりに

□ **on top of** 〜の上(部)に

□ **once-in-a-100-year recession** 100年に一度の経済危機

□ **one** 熟 **at one time** ある時には, かつては **no one** 誰も[一人も]〜ない **one of** 〜の1つ[人]

□ **ongoing** 形 進行[継続・持続]している, 現在進行中の

□ **onward** 副 前方へ, 進んで 形 前方への

□ **open up** 広がる, 広げる, 開く, 開ける

□ **opening** 動 open(開く)の現在分詞 名 ①開始, 始め ②開いた所, 穴 ③空き, 欠員 形 開始の, 最初の, 開会の

□ **operation** 名 ①操作, 作業, 動作 ②経営, 運営 ③手術 ④作戦, 軍事行動

□ **opportunity** 名 好機, 適当な時期[状況]

□ **opposition** 名 ①反対 ②野党

□ **option** 名 選択(の余地), 選択可能物, 選択権

□ **or so** 〜かそこらで

□ **order** 熟 **in order to** 〜するために, 〜しようと

□ **organization** 名 ①組織(化), 編成, 団体, 機関 ②有機体, 生物

□ **organized** 動 organize(組織する)の過去, 過去分詞 形 組織化された, よくまとまった

□ **original** 形 ①始めの, 元の, 本来の ②独創的な 名 原型, 原文

□ **originally** 副 ①元は, 元来 ②独創的に

□ **originate** 動 始まる, 始める, 起こす, 生じる

□ **other** 熟 **each other** お互いに **in other words** すなわち, 言い換えれば **on the other hand** 一方, 他方では

□ **out of** ①〜から外へ, 〜から抜け出して ②〜から作り出して, 〜を材料として ③〜の範囲外に, 〜から離れて ④(ある数)の中から

□ **outflow** 名 流出(すること)

□ **outlet** 名 ①出口 ②(電気の)コンセント ③直販店, 販路, アウトレット ④放送[テレビ・ラジオ]局

□ **outpost** 名 出先機関, 支店

□ **outstanding** 形 未解決の, 未払い

A B C D E F G H I J K L M N O P Q R S T U V W X Y Z

の,〔株式・債権などが〕発行済みの 图 未払いの負債, 貸付残高

☐ **outstrip** 動 ～より勝る, ～を追い越す, ～をしのぐ

☐ **over** 熟 take over 引き継ぐ, 支配する, 乗っ取る

☐ **overall** 形 総体的な, 全面的な 副 全般的に見れば 图 オーバーオール, 作業着

☐ **overcome** 動〔困難・障害などを〕克服する, 乗り越える, 打開する

☐ **overconcentration** 图 一極集中 overconcentration in Tokyo 東京一極集中

☐ **overseas** 形 海外の, 外国の 副 海外へ 图 国外 overseas production 海外生産

☐ **oversight** 图 ①管理, 監視 ②不注意, 見落とし, 過失

☐ **oversupply** 图 供給過剰

☐ **overwhelmingly** 副 打ちのめすように, 圧倒的な力で

☐ **owner-farmer system** 自作農体制

☐ **ozone layer** オゾン層

P

☐ **pace** 图 歩調, 速度 動 ゆっくり歩く, 行ったり来たりする

☐ **package** 图 (計画・法案などの) 一括, 抱き合わせ fiscal stimulus package 財政刺激策

☐ **paid-in capital** 資本金, 払込資本

☐ **pandemic** 图 パンデミック《複数の国や全世界など, 広域でまん延する深刻な感染病の大流行》

☐ **paralysis** 图 まひ(状態), 停滞

☐ **Paris** 图 パリ《フランスの首都》

☐ **Paris Agreement** 《the – 》パリ協定《フランスのパリにて2015年に採択された, 気候変動抑制に関する多国間の国際的な協定》

☐ **part-time** 形 パートタイムの, 非常勤の

☐ **part-timer** 图 アルバイト, パートタイマー

☐ **participant** 图 参加者, 出場者, 関与者

☐ **participate** 動 参加する, 加わる

☐ **participation** 图 参加, 関与

☐ **particular** 形 ①特別の ②詳細な 图 事項, 細部, 《-s》詳細

☐ **particularly** 副 特に, とりわけ

☐ **partner** 图 配偶者, 仲間, 同僚 trading partner 貿易相手国 動 (～と) 組む, 提携する

☐ **partnership** 图 提携, 共同経営, パートナーシップ

☐ **passionate** 形 情熱的な, (感情が) 激しい, 短気な passionate salaried employees 猛烈社員

☐ **past** 形 過去の, この前の 图 過去(の出来事) 前《時間・場所》～を過ぎて, ～を越して 副 通り越して, 過ぎて

☐ **pay** 動 ①支払う, 払う, 報いる, 償う ②割に合う, ペイする 图 給料, 報い performance-based pay 能力給, 成果主義に基づく賃金

☐ **payment** 图 支払い, 払い込み

☐ **peak** 图 頂点, 最高点 動 最高になる, ピークに達する

☐ **pension** 图 ①年金, 恩給 ②下宿屋, ペンション 動 年金を支給する

☐ **per** 前 ～につき, ～ごとに

☐ **percentage** 名 パーセンテージ, 割合, 比率

☐ **performance** 名 ①実行, 行為 ②成績, できばえ, 業績 ③演劇, 演奏, 見世物

☐ **performance-based pay** 能力給, 成果主義に基づく賃金

☐ **period** 名 ①期, 期間, 時代 ②ピリオド, 終わり

☐ **permanent** 形 永続する, 永久の, 長持ちする

☐ **personal** 形 ①個人の, 私的な ②本人自らの **personal computer** パーソナル・コンピューター, パソコン **personal consumption** 個人消費

☐ **personnel** 名 人材, 人員, 人事課 形 職員の, 人事の **personnel cut** 人員の合理化, 人員整理[削減] **personnel system** 人事制度[体制・システム]

☐ **Peru** 名 ペルー《国名》

☐ **phase** 名 ①段階, 局面 ②側面, 様相 動 段階的に実施する

☐ **phenomenon** 名 ①現象, 事象 ②並はずれたもの[人]

☐ **philosophy** 名 哲学, 主義, 信条, 人生観

☐ **pick up** 再開する, 回復する

☐ **pile** 名 積み重ね, (～の)山 動 積み重ねる, 積もる **pile up** 積み重ねる

☐ **pioneer** 動 〔ある分野の〕先駆者となる, 〔新分野などを〕開拓する, ～に着手する

☐ **place** 熟 put in place《be－》～が導入される **take place** 行われる, 起こる

☐ **placement** 名 職業紹介, 就職あっせん **job placement service** 職業紹介サービス

☐ **plan to do** ～するつもりである

☐ **planning** 動 plan (計画する) の現在分詞 名 立案, 開発計画

☐ **plastic product** プラスチック製品

☐ **plate** 名 ①(浅い) 皿, 1皿の料理 ②金属板, 標札, プレート 動 めっきする, 板金をする

☐ **player** 名 ①競技者, 選手, 演奏者, 俳優 ②演奏装置

☐ **Plaza Accord** プラザ合意《1985年9月22日に先進5か国(G5)蔵相・中央銀行総裁会議により発表された, 為替レート安定化に関する合意の通称》

☐ **plummet** 動 〔価値・価格などが〕急落する, 急に下がる

☐ **plunge** 動 ①飛び込む, 突入する ②(ある状態に) 陥れる 名 突入, 突進

☐ **pocket calculator** 電卓

☐ **point** 熟 from this point on この地点から先は **turning point** 転回点, 変わり目, ターニング・ポイント

☐ **Pokémon** 名 ポケモン, ポケットモンスター《日本のゲームソフトシリーズ, および同作に登場する架空の生物, それらを題材にしたアニメなどのメディア作品の総称》

☐ **policy** 名 ①政策, 方針, 手段 ②保険証券 **bold monetary policy** 大胆な金融政策 **easy-money policy** 金融緩和政策, 低金利政策 **fiscal policy** 財政政策 **industrial policy** 産業政策 **tight-money policy** 金融引き締め政策

☐ **political** 形 ①政治の, 政党の ②策略的な **political issue** 政治問題

- ☐ **pollution-related** 形公害に関連した

- ☐ **population** 名人口, 住民(数) working-age population 生産年齢人口, 労働年齢人口

- ☐ **pose** 動〔問題などを〕引き起こす, もたらす,〔負担を〕課す

- ☐ **position** 名①位置, 場所, 姿勢 ②地位, 身分, 職 ③立場, 状況 management position 管理職 動置く, 配置する

- ☐ **positive** 形①前向きな, 肯定的な, 好意的な ②明確な, 明白な, 確信している ③プラスの 名①正数, プラス, 陽極 ②ポジ, 陽画

- ☐ **possibility** 名可能性, 見込み, 将来性

- ☐ **possible** 形①可能な ②ありうる, 起こりうる as ～ as possible できるだけ～ make it possible for ～ to ... ～が…できるようにする

- ☐ **post-bubble low** 《株》バブル(崩壊)後の底値[最安値]

- ☐ **postpone** 動延期する

- ☐ **postwar** 形戦後の postwar reconstruction 戦後復興

- ☐ **potential** 形可能性がある, 潜在的な 名可能性, 潜在能力

- ☐ **poverty** 名貧乏, 貧困, 欠乏, 不足 relative income poverty 相対的貧困

- ☐ **power** 熟 take back power 権力を取り戻す

- ☐ **powerful** 形力強い, 実力のある, 影響力のある

- ☐ **pre-industrial** 形産業革命前の

- ☐ **pre-planned** 形あらかじめ計画[用意]された

- ☐ **precision equipment** 精密機器

- ☐ **predict** 動予測[予想]する

- ☐ **prefer** 動(～のほうを)好む, (～のほうが)よいと思う

- ☐ **premiership** 名首相の任期[職・地位・任務]

- ☐ **premium** 名①保険料, 保険の掛け金 ②奨励金 ③割り増し(料金)

- ☐ **present** 熟 at present 今のところ, 現在は, 目下

- ☐ **preserve** 動保存[保護]する, 保つ

- ☐ **president** 名①大統領 ②社長, 学長, 頭取

- ☐ **pressure** 名プレッシャー, 圧力, 圧縮, 重荷 動圧力をかける

- ☐ **prevalent** 形広く行き渡った, 優勢な

- ☐ **prewar** 形戦前の 副戦前に

- ☐ **price** 名①値段, 代価 ②《-s》物価, 相場 動値段をつける, 値段を聞く general price deflation 一般物価デフレ price destruction 価格破壊 price war 値下げ競争, 価格競争 stock price 株価

- ☐ **primary** 形第一の, 主要な, 最初の, 初期の 名①第一のこと ②予備選挙

- ☐ **prime** 形第一の, 最も重要な 名《the [one's] ～》全盛期

- ☐ **prime minister** 首相,〔日本の〕内閣総理大臣

- ☐ **principal** 形主な, 第一の, 主要な, 重要な 名①長, 社長, 校長 ②主役, 主犯, 本人

- ☐ **prior** 形(時間・順序が)前の, (～に)優先する, (～より)重要な

- ☐ **priority** 名優先(すること), 優先度[順位] priority production system 傾斜生産方式

A
B
C
D
E
F
G
H
I
J
K
L
M
N
O
P
Q
R
S
T
U
V
W
X
Y
Z

□ **private** 形 ①私的な, 個人の ②民間の, 私立の ③内密の, 人里離れた private sector 民間企業 [部門]

□ **private-sector** 形 私営の, 民営の private-sector investment 民間投資

□ **privatization** 名 民営化

□ **privatize** 動 民営化する, 私有化する

□ **proactive** 形〔行動などが〕先を見越した, 先回りした, 積極的な, 前向きな

□ **proceed** 動 進む, 進展する, 続ける 名《-s》①結果 ②収益, 所得, 売却代金

□ **process** 名 ①過程, 経過, 進行 ②手順, 方法, 製法, 加工 production process 生産工程

□ **processing trade** 加工貿易

□ **procure** 動〔入手困難な物を〕入手 [調達・獲得] する

□ **product** 名 ①製品, 産物 ②成果, 結果 chemical products 化学製品 consumer product 消費財, 消費者 (向け) 製品 financial product 金融商品 gross national product 国民総生産 (GNP) plastic product プラスチック製品

□ **production** 名 製造, 生産 industrial production 鉱工業生産 "just-in-time production" system ジャスト・イン・タイム方式 local production 現地生産 overseas production 海外生産 priority production system 傾斜生産方式 production management system 生産管理システム production process 生産工程 production system 生産システム

□ **production-unit term** 生産台数の単位 [項目]

□ **productive** 形 生産的な, 豊富な

□ **productivity** 名 生産性

□ **professional** 形 専門の, プロの, 職業的な 名 専門家, プロ

□ **profit** 名 利益, 利潤, ため corporate profit 企業収益 動 利益になる, (人の) ためになる, 役立つ

□ **profitability** 名 収益性, 利益性

□ **progress** 名 ①進歩, 前進 ②成り行き, 経過 動 前進する, 上達する

□ **prolonged** 形 長引く, 長期の

□ **promote** 動 促進する, 昇進 [昇級] させる

□ **promotion** 名 ①昇進 ②促進 ③宣伝販売

□ **property** 名 ①財産, 所有物 [地] ②性質, 属性

□ **proportion** 名 ①割合, 比率, 分け前 ②釣り合い, 比例

□ **protective** 形 保護する, 保護 (用) の 名 保護するもの

□ **protocol** 名 ①外交儀礼, 議定書 ②(データ通信での) プロトコル

□ **prove** 動 ①証明する ②(～であることが) わかる, (～と) なる

□ **provide** 動 ①供給する, 用意する, (～に) 備える ②規定する

□ **provided** 動 provide (供給する) の過去, 過去分詞 接 もし～ならば, 仮に～とすれば

□ **provider** 名 供給する人, 供給者, 調達者

□ **province** 名 ①州, 省 ②地方, 田舎 ③範囲, 領域 Hubei Province 湖北省《中国の地名》

□ **provoke** 動①怒らせる ②刺激して～させる ③引き起こす

□ **public** 名一般の人々, 大衆 形公の, 公開の

□ **publish** 動①発表[公表]する ②出版[発行]する

□ **purely** 副まったくの, 単に, 純粋に

□ **pursue** 動①追う, つきまとう ②追求する, 従事する

□ **push down** 押し倒す

□ **put in place** 《be –》～が導入される

□ **put in simple terms** 簡単な言い方をすれば

□ **put off dealing with** (問題)の対処を先送りにする

Q

□ **qualitative** 形質的な, 性質(上)の　quantitative and qualitative financial easing 量的・質的金融緩和

□ **quality** 名①質, 性質, 品質 ②特性 ③良質

□ **quantitative** 形量の, 量的な, 量に関する　quantitative and qualitative financial easing 量的・質的金融緩和

□ **quantity** 名①量 ②《-ties》多量, たくさん

□ **quarter** 名①4分の1, 25セント, 15分, 3カ月 ②方面, 地域 ③部署 動4等分する

□ **quickly** 副敏速に, 急いで

□ **quit** 動やめる, 辞職する, 中止する

R

□ **R&D** 略研究開発(＝research and development)

□ **radio** 名①ラジオ ②無線電話[電報] 動放送する

□ **raid** 名急襲, (警察の)手入れ　air raid 空襲 動急襲する, 手入れする

□ **raise** 動①上げる, 高める ②起こす ③～を育てる ④(資金を)調達する 名高める[上げる]こと, 昇給

□ **range** 名列, 連なり, 範囲 動①並ぶ, 並べる ②およぶ

□ **rank** 名①列 ②階級, 位 動①並ぶ, 並べる ②分類する

□ **rapid** 形速い, 急な, すばやい　rapid economic growth 高度経済成長 名《-s》急流, 早瀬

□ **rapidly** 副速く, 急速, すばやく, 迅速に

□ **rate** 名①割合, 率 ②相場, 料金　birth rate 出生率　exchange rate 為替レート　growth rate 成長[増加]率[速度]　normal interest rate 正常利子率　official discount rate 公定歩合　rate of real economic growth 実質経済成長率　savings rate 貯蓄率　unemployment rate 失業率　yen exchange rate 円相場 動①見積もる, 評価する[される] ②等級をつける

□ **ratio** 名割合, 比率, 率, 歩合, 比例　equity ratio 自己資本比率

□ **ration** 動〔原材料・資源などの一定量を〕分配[配給]する, 割り当てる

□ **ravage** 名①破壊(行為) ②《the –s》損害, 惨害, 痛ましいほどの被害

□ **raw** 形①生の, 未加工の　raw material 原材料, 原料, 素材 ②未熟な

名生もの

□ **reading** 動 read（読む）の現在分詞 名 読書, 読み物, 朗読

□ **real economic growth** 実質経済成長

□ **real estate** 不動産, 土地

□ **real GDP** 実質 GDP

□ **realignment** 名 再編, 再調整, 再編成

□ **receipt** 名 受領書, 受け取ること, レシート tax receipts 租税収入

□ **recent** 形 近ごろの, 近代の

□ **recently** 副 近ごろ, 最近

□ **recession** 名 景気後退, 不況, 後退

□ **reckon** 動 ①数える ②（～と）みなす, 推測する

□ **recognition** 名 承認, 表彰, お礼

□ **recognize** 動 認める, 認識［承認］する

□ **reconstruction** 名 再建, 復興, 復元 postwar reconstruction 戦後復興 reconstruction bond 復興債

□ **recover** 動 ①取り戻す, ばん回する ②回復する

□ **recovery** 名 回復, 復旧, 立ち直り

□ **rectify** 動 ①〔誤りなどを〕正す, 修正する, 改正する ②〔違反などを〕是正する

□ **redemption** 名 償還, 買い戻し, 弁済

□ **reduce** 動 ①減じる ②しいて～させる, （～の）状態にする

□ **reduction** 名 ①下げること, 減少, 値下げ, 割引 ②縮図 ③換算, 約分, 還元 tariff reduction 関税引き下げ

□ **reexamine** 動 再検査する, もう一度調べる, 見直す

□ **refer** 動 ①《 – to ～》～に言及する, ～と呼ぶ ②～を参照する, ～に問い合わせる

□ **reform** 動 改善する, 改革する 名 改善, 改良 agricultural and land reform 農地改革 fiscal reform 財政改革 special zones for structural reform 構造改革特区 structural reform 構造改革 triple reform 三位一体の改革 work style reform 働き方改革

□ **refrigerator** 名 冷蔵庫

□ **regard** 動 ①（～を…と）見なす ②尊敬する, 重きを置く ③関係がある regarded as《be – 》～と見なされる 名 ①注意, 関心 ②尊敬, 好感 ③《-s》（手紙などで）よろしくというあいさつ

□ **region** 名 ①地方, 地域 ②範囲

□ **regional** 形 地方の, 局地的な regional revitalization 地方創生

□ **register** 動 ～を正式に記録［登録］する, 記名する

□ **regulation** 名 規則, 規定, 規制

□ **rein** 名 手綱, 拘束, 統制, 統御力, 支配権, 指揮権 動 手綱で御する, 制御する, 制止する

□ **reinforce** 動 補強［強化］する, 拍車をかける

□ **relation** 名 ①（利害）関係, 間柄 ②親戚

□ **relationship** 名 関係, 関連, 血縁関係

□ **relative** 形 関係のある, 相対的な relative income poverty 相対的貧困 名 親戚, 同族

□ **relatively** 副 比較的, 相対的に

□ **relaxed** 動 relax（くつろがせる）の過去, 過去分詞 形 ①くつろいだ, ゆっ

たりした ②ざっくばらんな

- [ ] **release** 動 ①解き放す, 釈放する ②免除する ③発表する, リリースする 名 解放, 釈放
- [ ] **remain** 動 ①残っている, 残る ②(〜の)ままである[いる] 名《-s》①残り(もの) ②遺跡
- [ ] **remaining** 動 remain (残っている)の現在分詞 形 残った, 残りの
- [ ] **remove** 動 ①取り去る, 除去する ②(衣類を)脱ぐ
- [ ] **rename** 動 新しい名前をつける, 改名する
- [ ] **renewed** 動 renew (新しくする)過去, 過去分詞 形 更新した, 回復した
- [ ] **renovation** 名 ①革新, 刷新 ②修理, 修繕 ③元気回復
- [ ] **reorganize** 動 再編成する, 再組織する
- [ ] **repay** 動 ①払い戻す, 返金する ②報いる, 恩返しする
- [ ] **repayment** 名 払い戻し, 返済
- [ ] **repeated** 動 repeat (繰り返す)の過去, 過去分詞 形 繰り返された, 度重なる
- [ ] **replace** 動 ①取り替える, 差し替える ②元に戻す
- [ ] **reportedly** 副 報道[伝えられるところ]によると
- [ ] **represent** 動 ①表現する ②意味する ③代表する
- [ ] **request** 名 願い, 要求(物), 需要 at the request of 〜の要請により, 〜の要求に応じて 動 求める, 申し込む
- [ ] **require** 動 ①必要とする, 要する ②命じる, 請求する
- [ ] **rescue** 動 救う 名 救助, 救出
- [ ] **research** 名 調査, 研究 動 調査する, 研究する

- [ ] **reserve** 動 ①とっておく, 備えておく ②予約する ③留保する 名 ①蓄え, 備え ②準備[積立]金 ③遠慮 形 予備の
- [ ] **resource** 名 ①資源, 財産 ②手段, 方策 human resources 人材, 人的資源 natural resource 自然資源, 天然資源
- [ ] **respectively** 副 それぞれに, めいめい
- [ ] **respond** 動 答える, 返答[応答]する
- [ ] **response** 名 応答, 反応, 返答
- [ ] **restore** 動 元に戻す, 復活させる
- [ ] **restrict** 動 制限する, 禁止する
- [ ] **restricted** 動 restrict (制限する)の過去, 過去分詞 形 制限された, 限られた
- [ ] **restriction** 名 制限, 規制
- [ ] **restructuring** 動 restructure (再編成する)の現在分詞 名 リストラ, 構造改革, 再構築 corporate restructuring 企業再建, 企業再構築
- [ ] **result** 名 結果, 成り行き, 成績 as a result その結果(として) as a result of 〜の結果(として) corporate results 企業の業績 動 (結果として)起こる, 生じる, 結局〜になる
- [ ] **resume** 動 再び始める, 再開する
- [ ] **retail** 形 小売りの 名 小売り(店)
- [ ] **retain** 動 ①保つ, 持ち続ける ②覚えている
- [ ] **retirement** 名 引退, (定年)退職 early retirement 早期退職
- [ ] **return of Okinawa to Japan** 沖縄返還
- [ ] **revenue** 名 所得, 収入, 利益, (国の)

A
B
C
D
E
F
G
H
I
J
K
L
M
N
O
P
Q
R
S
T
U
V
W
X
Y
Z

歳入　tax revenue 税収, 歳入

□ **revitalization** 名再生, 再活性化, 回復　Industrial Revitalization Corporation of Japan 産業再生機構　regional revitalization 地方創生

□ **revitalize** 動〜を活性化する, 〜を再生する, 〜を復興させる

□ **revival** 名復活, 再生, リバイバル

□ **revive** 動生き返る, 生き返らせる, 復活する[させる]

□ **rid** 動取り除く　get rid of 〜を取り除く

□ **ripple** 名さざ波(のような音), 波状(の動き), 波紋, ざわめき 動さざ波を立てる, さざ波が立つ, 波紋を起こす

□ **risen** 動rise(昇る)の過去分詞 形上がった, 起こった

□ **rising** 形昇る, 高まる

□ **risk** 名危険　credit risk 信用リスク　exchange-rate risk 為替リスク　foreign-exchange risk 外国為替リスク　liquidity risk 流動性リスク 動危険にさらす, 賭ける, 危険をおかす

□ **road** 熟 set on the road to 〜への軌道に乗せる

□ **role** 名①(劇などの)役 ②役割, 任務　leading role 主導的役割　take a leading role in 〜で主導的役割を担う[果たす]　take on the role of 〜の役割を引き受ける

□ **roll** 動①転がる, 転がす ②(波などが)うねる, 横揺れする ③(時が)たつ　roll out 展開する, 広げる 名①一巻き ②名簿, 目録

□ **rolling blackout** 計画停電, 輪番停電

□ **root** 名①根, 根元 ②根源, 原因 ③《-s》先祖, ルーツ 動根づかせる, 根

づく

□ **roughly** 副①おおよそ, 概略的に, 大ざっぱに ②手荒く, 粗雑に

□ **ruin** 名破滅, 滅亡, 破産, 廃墟 動破滅させる

□ **Ryutaro Hashimoto** 橋本龍太郎(1937–2006)《第82・83代内閣総理大臣》

S

□ **sacred** 形神聖な, 厳粛な　three new sacred treasures 新・三種の神器《1960年代半ばに普及した3種類の耐久消費財。カラーテレビ(Color television)・クーラー(Cooler), 自動車(Car)》 three sacred treasures 三種の神器《1950年代後半に普及した3種類の耐久消費財。白黒テレビ・洗濯機・冷蔵庫》

□ **salaried** 形(人が)月給取りの　passionate salaried employees 猛烈社員

□ **salary** 名給料

□ **sale** 名販売, 取引, 大売り出し　sales weapon 販売の武器

□ **saving** 動save(救う)の現在分詞 名①節約 ②《-s》貯金 ③救助　savings rate 貯蓄率

□ **scale** 名①目盛り ②規模, 割合, 程度, スケール ③うろこ(鱗) ④てんびん, はかり 動はかりにかける, はかる

□ **scene** 熟 come on the scene 登場する, 姿を現す

□ **scientific** 形科学の, 科学的な

□ **Second Oil Crisis** 第二次石油危機

□ **secondly** 副第2に, 次に

□ **section chief** 課長

□ **sector** 名①(産業などの) 部門, セクター ②(幾何で) 扇形 air-travel sector 航空分野 corporate sector 法人[企業]部門 private sector 民間企業[部門]

□ **secure** 形①安全な ②しっかりした, 保証された 動①安全にする ②確保する, 手に入れる

□ **security** 名①安全(性), 安心 ②担保, 抵当, 《-ties》有価証券 social security system [program] 社会保障制度

□ **seek** 動捜し求める, 求める

□ **seem** 動(〜に)見える, (〜のように)思われる

□ **seen as** 《be –》〜として見られる

□ **seismic** 形地震の[に関する・によって引き起こされる] maximum seismic intensity 最大震度

□ **seldom** 副まれに, めったに〜ない

□ **self-assessment** 名自己査定[評価]

□ **self-defense** 名自衛, 自己防衛, 正当防衛

□ **self-restraint** 名自制, 自粛 mood of self-restraint 自粛ムード

□ **sell off** 〜を売却する

□ **semiconductor** 名半導体

□ **senior** 形年長の, 年上の, 古参の, 上級の 名年長者, 先輩, 先任者

□ **seniority** 名年功序列, 年長 seniority system 年功序列制度

□ **sense** 名①感覚, 感じ ②《-s》意識, 正気, 本性 ③常識, 分別, センス ④意味 動感じる, 気づく

□ **series** 名一続き, 連続, シリーズ

□ **serious** 形①まじめな, 真剣な ②重大な, 深刻な, (病気などが)重い

□ **seriousness** 名まじめ, 真剣, 深刻

□ **serve** 動①仕える, 奉仕する ②(客の)応対をする, 給仕する, 食事[飲み物]を出す ③(役目を)果たす, 務める, 役に立つ

□ **service** 名①勤務, 業務 ②公益事業 ③点検, 修理 ④奉仕, 貢献 job placement service 職業紹介サービス 動保守点検する, (点検)修理をする

□ **set for 〜 to ...** 〜が…する準備を整える

□ **set on the road to** 〜への軌道に乗せる

□ **set up** 配置する, セットする, 設置する

□ **settled** 動 settle (安定する) の過去, 過去分詞 形固定した, 落ち着いた, 解決した

□ **severe** 形厳しい, 深刻な, 激しい

□ **shake** 動①振る, 揺れる, 揺さぶる, 震える ②動揺させる 名振ること

□ **shape** 名①形, 姿, 型 ②状態, 調子 動形づくる, 具体化する

□ **shareholder** 名株主 major shareholder 大株主, 主要株主 silent shareholder 物言わぬ株主, サイレント株主

□ **shareholding** 名株式保有

□ **sharp** 形①鋭い, とがった ②刺すような, きつい ③鋭敏な ④急な 副①鋭く, 急に ②(時間が)ちょうど

□ **sheet** 名①シーツ ②(紙などの)1枚 accounting sheet 会計帳簿, 貸借対照表

□ **shift** 動移す, 変える, 転嫁する

图 ①変化, 移動 ②交替, (交代制の)勤務(時間), シフト

☐ **shifted** 動 shift (動く, 方向を変える) の過去形

☐ **Shinzo Abe** 安倍晋三 (1954–)《第90・96～98代内閣総理大臣》

☐ **shipbuilding** 图 造船

☐ **shoot up** 急上昇する, 〔株価などが〕急騰する

☐ **shortage** 图 不足, 欠乏

☐ **shrank** 動 shrink (縮む) の過去

☐ **shrink** 動 ①縮む, 縮小する ②尻込みする, ひるむ

☐ **shut** 動 ①閉まる, 閉める, 閉じる ②たたむ ③閉じ込める ④shut の過去, 過去分詞

☐ **side** 图 側, 横, そば, 斜面 形 ①側面の, 横の ②副次的な 動 (~の) 側につく, 賛成する

☐ **signatory** 形 調印 [署名・加盟] した 图 ①調印者, 署名者 ②調印国 (＝ signatory country) **signatory country**〔条約などの〕調印国, 署名国, 加盟国

☐ **significant** 形 ①重要な, 有意義な ②大幅な, 著しい ③意味ありげな

☐ **significantly** 副 ①意味深長に, 意味ありげに ②著しく, かなり

☐ **SII** 略 日米構造協議 (＝ Structural Impediments Initiative)

☐ **silent** 形 ①無言の, 黙っている ②静かな, 音を立てない ③活動しない **silent shareholder** 物言わぬ株主, サイレント株主

☐ **similar** 形 同じような, 類似した, 相似の

☐ **simple** 熟 put in simple terms 簡単な言い方をすれば

☐ **since** 熟 ever since それ以来ずっと

☐ **Singapore** 图 シンガポール《国名》

☐ **single** 形 ①たった1つの ②1人用の, それぞれの ③独身の ④片道の

☐ **single-parent household** ひとり親世帯

☐ **situation** 图 ①場所, 位置 ②状況, 境遇, 立場

☐ **skill** 图 ①技能, 技術 ②上手, 熟練

☐ **slip** 動 滑る, 滑らせる, 滑って転ぶ 图 滑ること

☐ **slogan** 图 スローガン, モットー

☐ **slowdown** 图 ①〔景気の〕後退, 低迷, 減速 ②サボタージュ, 怠業

☐ **slowly** 副 遅く, ゆっくり

☐ **slump** 图 ①不振 ②急落, 暴落 ③不況 動 ①スランプに陥る ②衰える ③ (物価などが) 暴落する

☐ **small** 熟 in small steps 少しずつ, だんだんと **smaller government** 小さな政府

☐ **so** 熟 and so そこで, それだから, それで or so ~かそこらで so ~ that … 非常に~なので…

☐ **so-called** 形 いわゆる, ~といわれて

☐ **soar** 動 高く飛ぶ, 舞い上がる, 急騰する, 高くそびえる

☐ **social** 形 ①社会の, 社会的な ②社交的な, 愛想のよい **social problem** 社会問題 **social security system [program]** 社会保障制度

☐ **socially isolated** 《be –》社会的に孤立している

☐ **society** 图 社会, 世間 **aging society** 高齢化社会 **unequal society** 格差社会

A B C D E F G H I J K L M N O P Q R **S** T U V W X Y Z

□ **socio-economic system** 社会経済システム[体制]

□ **software** 名ソフト(ウェア)

□ **sole** 形唯一の, 単独の 名足の裏, 靴底

□ **solve** 動解く, 解決する

□ **someone** 代ある人, 誰か It is 〜 for someone to … (人)が…するのは〜だ get someone to volunteer for (人に)〜を志願させる

□ **something** 代①ある物, 何か ②いくぶん, 多少

□ **sometimes** 副時々, 時たま

□ **somewhere** 副①どこかへ[に] ②いつか, およそ

□ **Sony Computer Entertainment** 株式会社ソニー・コンピュータエンタテインメント《現在の株式会社ソニー・インタラクティブエンタテインメントの前身》

□ **Sony Walkman** ソニー・ウォークマン《ポータブルオーディオプレイヤーの商品名》

□ **sophisticated** 形①洗練された, 都会的な ②世慣れた, 上品ぶった

□ **sort** 名種類, 品質 sort of《a-》〜のようなもの, 一種の〜 動分類する

□ **sought** 動seek (捜し求める)の過去, 過去分詞

□ **source** 名源, 原因, もと tax sources 税源

□ **southeast** 名南東(部) 形南東の, 南東向きの 副南東へ, 南東から

□ **Southeast Asia** 東南アジア

□ **spearhead** 動〔(活動・攻撃などの)先頭に立つ, 陣頭指揮を執る

□ **special deficit-financing bond** 特例公債

□ **special zones for structural reform** 構造改革特区

□ **specific** 形明確な, はっきりした, 具体的な

□ **specifically** 副特に, 明確に, 具体的に

□ **speculative** 形①思索的な, 思惑の ②投機的な speculative fever 投機熱

□ **speed** 名速力, 速度 動①急ぐ, 急がせる ②制限速度以上で走る, スピード違反をする

□ **spiral** 名らせん deflationary spiral デフレスパイラル, 景気減速 形らせん状の, 渦巻き型の 動らせん形になる

□ **spirit** 名①霊 ②精神, 気力 company spirit 企業精神

□ **Spirited Away** 千と千尋の神隠し《2001年公開の長編アニメーション映画。監督は宮崎駿》

□ **spur** 名拍車 動拍車をかける, 駆り立てる

□ **stability** 名安定(性), 持続

□ **stabilize** 動安定する, 固定する

□ **stable** 形安定した, 堅固な, 分解しにくい 名馬小屋, 厩舎

□ **staff** 名職員, スタッフ employment agency staff 派遣社員 動配置する

□ **staffer** 名スタッフ, 職員, 部員, 社員 temp staffer 派遣社員, 派遣職員

□ **stage** 名①舞台 ②段階 動上演する

□ **stagnant** 形よどんだ, 流れない

□ **stagnate** 動①停滞する, 活気がなくなる ②〔流れなどが〕よどむ

□ **stagnation** 名停滞, 低迷, 不振

A
B
C
D
E
F
G
H
I
J
K
L
M
N
O
P
Q
R
S
T
U
V
W
X
Y
Z

□ **standard** 名標準, 規格, 規準 形①標準の ②一流の, 優秀な

□ **standstill** 名〔動きや行為の完全な〕停止, 休止

□ **start doing** ～し始める

□ **start to do** ～し始める

□ **state** 名①あり様, 状態 ②国家, (アメリカなどの) 州 ③階層, 地位 declare a state of emergency 緊急事態宣言を発令する 動述べる, 表明する

□ **statement** 名声明, 述べること

□ **statistic** 名統計値, 統計量

□ **stay at** (場所) にとどまる

□ **stay at home** 家にこもる, 国内にとどまる

□ **stay away from** ～から離れている

□ **stay with** ～の所にとどまる

□ **stay-at-home mother** 専業主婦

□ **steadily** 副しっかりと

□ **steady** 形①しっかりした, 安定した, 落ち着いた ②堅実な, まじめな

□ **steamroller** 動強圧的 [強引] に押し通す [押し切る], 圧勝する

□ **steel** 名鋼, 鋼鉄 (製の物) 形鋼鉄の, 堅い

□ **steps** 熟 in small steps 少しずつ, だんだんと

□ **stimulate** 動①刺激する ②促す, 活性化させる ③元気づける growth strategy designed to stimulate private-sector investment 民間投資を喚起する成長戦略

□ **stimulus** 名刺激 (物), 激励 fiscal stimulus package 財政刺激策

□ **stock** 名①貯蔵 ②仕入れ品, 在庫品 ③株式 stock price 株価 動仕入れる, 蓄える

□ **stockbroking** 名株式仲買, 証券会社

□ **stop doing** ～するのをやめる

□ **strategic** 形戦略的な, 戦略上の

□ **strategically** 副戦略的に

□ **strategy** 名戦略, 作戦, 方針 growth strategy designed to stimulate private-sector investment 民間投資を喚起する成長戦略

□ **streamlining** 名合理化 形合理化の (ための)

□ **strength** 名①力, 体力 ②長所, 強み ③強度, 濃度

□ **strengthen** 動強くする, しっかりさせる

□ **strengthening** 名強化

□ **strict** 形厳しい, 厳密な

□ **strong dollar** 《経済》ドル高

□ **strong yen** 《経済》円高

□ **strong-yen recession** 円高不況

□ **strongly** 副強く, 頑丈に, 猛烈に, 熱心に

□ **strove** 動 strive (努める) の過去

□ **struck** 動 strike (打つ) の過去, 過去分詞

□ **structural** 形構造 (上) の structural reform 構造改革

□ **Structural Impediments Initiative (SII)** 日米構造協議

□ **structure** 名構造, 骨組み, 仕組み 動組織立てる

□ **style** 名やり方, 流儀, 様式, スタイル work style reform 働き方改革

□ **subcontractor** 名 下請業者, 請負業者, 再委託先

□ **subdued** 形 ①〔活動などが予想よりも〕不活発な, 静かな ②〔光・色・音などが通常よりも〕抑えられた

□ **subprime loan** サブプライムローン《信用度の低い顧客に高金利で貸し出す融資》

□ **subsequently** 副 その後, それに続いて

□ **subsidiary** 名 ①子会社, 関連子会社 ②付属(物) subsidiary company 子会社, 系列会社 形 ①従属的な, 従属する ②補助の, 補助的な ③助成金による

□ **subsidy** 名 助成金, 補助金

□ **success** 名 成功, 幸運, 上首尾

□ **successful** 形 成功した, うまくいった

□ **successfully** 副 首尾よく, うまく

□ **successor** 名 後継者, 相続人, 後任者

□ **such as** たとえば～, ～のような

□ **such ～ as ...** …のような～

□ **sudden** 形 突然の, 急な

□ **suffer** 動 ①(苦痛・損害などを)受ける, こうむる ②(病気に)なる, 苦しむ, 悩む

□ **suffering** 動 suffer(受ける)の現在分詞 名 苦痛, 苦しみ, 苦難

□ **sufficient** 形 十分な, 足りる

□ **suggest** 動 ①提案する ②示唆する

□ **suit** 名 ①スーツ, 背広 ②訴訟 ③ひとそろい, 一組 動 ①適合する[させる] ②似合う

□ **suitable** 形 適当な, 似合う, ふさわしい

□ **sum** 名 ①総計 ②金額 動 ①合計する ②要約する

□ **supermarket** 名 スーパーマーケット

□ **superpower** 名 超大国, 強国, 異常な力 economic superpower 経済大国

□ **supplier** 名 供給者, 供給業者, 納入業者

□ **supply** 動 供給[配給]する, 補充する 名 供給(品), 給与, 補充 supply chain サプライチェーン《製品が原材料の調達から, 生産・物流・販売を経て, 消費者の手に届くまでの全過程》

□ **support** 動 ①支える, 支持する ②養う, 援助する 名 ①支え, 支持 ②援助, 扶養

□ **sure** 熟 make sure that〔that以下〕を確認する, 確実になるようにする

□ **surge** 名 ①大波 ②(感情などの)高まり ③急上昇 動 (波のように)押し寄せる, 沸き上がる

□ **surpass** 動 勝る, しのぐ

□ **surplus** 名 余り, 残り, 余分, 余剰, 黒字 trade surplus 輸出超過額 形 余った, 過剰の, 黒字の

□ **survive** 動 ①生き残る, 存続する, なんとかなる ②長生きする, 切り抜ける

□ **suspension** 名 ①つるす[ぶら下げる]こと ②〔一時的な〕停止, 保留, 差し止め

□ **switch** 名 スイッチ 動 ①スイッチを入れる[切る] ②切り替える, 切り替わる

A
B
C
D
E
F
G
H
I
J
K
L
M
N
O
P
Q
R
S
T
U
V
W
X
Y
Z

T

- ☐ **take a leading role in** 〜で主導的役割を担う［果たす］
- ☐ **take back power** 権力を取り戻す
- ☐ **take care of** 〜の世話をする, 〜の面倒を見る, 〜を管理する
- ☐ **take on the role of** 〜の役割を引き受ける
- ☐ **take over** 引き継ぐ, 支配する, 乗っ取る
- ☐ **take place** 行われる, 起こる
- ☐ **take 〜 for granted** 〜を当然のことと思う
- ☐ **takeover** 图①〔権力や支配権の力ずくの〕獲得, 奪取 ②企業買収 corporate takeover 企業の乗っ取り
- ☐ **tangible** 形実体のある, 現実の
- ☐ **target** 图標的, 目的物, 対象 inflation target インフレターゲット, インフレ目標 動①［目標］にする
- ☐ **tariff** 图関税(率) tariff reduction 関税引き下げ
- ☐ **tax** 图①税 ②重荷, 重い負担 land-holding tax 地価税, 土地保有税 tax code 税法 tax receipts 租税収入 tax revenue 税収, 歳入 tax sources 税源 動①課税する ②重荷を負わせる
- ☐ **taxation** 图課税, 徴税 land taxation 土地税制
- ☐ **teamwork** 图チームワーク, 共同作業
- ☐ **technological** 图技術上の, (科学)技術の technological innovation 技術革新
- ☐ **technologically** 副技術的に

- ☐ **technology** 图テクノロジー, 科学技術 electronics technology エレクトロニクス技術
- ☐ **Teito Rapid Transit Authority** 帝都高速度交通営団, 営団地下鉄《日本政府および東京都が出資していた東京23区の地下鉄事業者。1941年〜2004年まで存在していた》
- ☐ **telegraph** 图電報, 電信 動電報を打つ
- ☐ **television** 图テレビ
- ☐ **telework** 图テレワーク, 在宅勤務の仕事
- ☐ **temp** 图臨時職員, 期間限定社員 動派遣社員［臨時職員］として働く temp staffer 派遣社員, 派遣職員 temp worker 臨時［非正規］雇用者
- ☐ **temperature** 图温度, 体温
- ☐ **temporarily** 副一時的に, 仮に, 当面は
- ☐ **temporary** 形一時的な, 仮の
- ☐ **tend** ①(〜の)傾向がある, (〜)しがちである ②面倒を見る, 手入れをする
- ☐ **TEPCO** 略東京電力株式会社(＝Tokyo Electric Power Co., Inc.)
- ☐ **term** 图①期間, 期限 ②語, 用語 ③《-s》条件 ④《-s》関係, 仲 production-unit term 生産台数の単位［項目］ yen-based term 円ベースの条件で
- ☐ **termination** 图解雇, 雇止め unfair termination 不当解雇
- ☐ **terms** 熟 in terms of 〜の言葉で言えば, 〜の点から put in simple terms 簡単な言い方をすれば
- ☐ **territorial** 形領土の, 領土に関する, 土地の
- ☐ **textile** 图布地, 織物, 繊維製品 形

織物の textile industry 繊維産業

- [ ] **thanks to** 〜のおかげで, 〜の結果
- [ ] **that** 熟 make sure that〔that以下〕を確にする, 確実になるようにする so 〜 that … 非常に〜なので…
- [ ] **theory** 名 理論, 学説
- [ ] **therefore** 副 したがって, それゆえ, その結果
- [ ] **thirdly** 副〔要点などを説明する順序として〕第三に, 3番目に
- [ ] **this** 熟 from this point on この地点から先は in this way このようにして like this このような, こんなふうに
- [ ] **though** 接 ①〜にもかかわらず, 〜だが ②たとえ〜でも 副 しかし
- [ ] **three arrows**（アベノミクス）3本の矢
- [ ] **three Cs** 新・三種の神器《1960年代半ばに普及した3種類の耐久消費財。カラーテレビ（Color television）・クーラー（Cooler）・自動車（Car）》
- [ ] **three excesses** 3つの過剰
- [ ] **three new sacred treasures** 新・三種の神器《1960年代半ばに普及した3種類の耐久消費財。カラーテレビ（Color television）・クーラー（Cooler）・自動車（Car）》
- [ ] **three sacred treasures** 三種の神器《1950年代後半に普及した3種類の耐久消費財。白黒テレビ・洗濯機・冷蔵庫》
- [ ] **through** 熟 break through 〜を打ち破る go through 通り抜ける, 一つずつ順番に検討する
- [ ] **thus** 副 ①このように ②これだけ ③かくして, だから
- [ ] **tight** 形 堅い, きつい, ぴんと張った tight-money policy 金融引締め政策

副 堅く, しっかりと

- [ ] **time** 熟 at one time ある時には, かつては for the first time 初めて lead time リードタイム《製品の企画［発注］から生産開始［納品］までに要する時間》 on time 時間どおりに
- [ ] **tobacco** 名 たばこ
- [ ] **Tohoku region** 東北地方《地域名》
- [ ] **Tokaido bullet train** 東海道新幹線
- [ ] **Tokyo** 名 東京《地名》
- [ ] **Tokyo (foreign exchange) market** 東京外国為替市場
- [ ] **Tokyo Electric Power Company (TEPCO)** 東京電力株式会社
- [ ] **Tokyo Metro** 東京メトロ《東京地下鉄株式会社の愛称》
- [ ] **too much** 過度の
- [ ] **tool** 名 道具, 用具, 工具
- [ ] **top** 熟 on top of 〜の上（部）に
- [ ] **topic** 名 話題, 見出し
- [ ] **torrential exports** 集中豪雨的輸出
- [ ] **total** 形 総計の, 全体の, 完全な total trade 貿易総額 名 全体, 合計 動 合計する
- [ ] **totally** 副 全体的に, すっかり
- [ ] **touchpoint** 名 接点, タッチポイント
- [ ] **tough** 形 堅い, 丈夫な, たくましい, 骨の折れる, 困難な
- [ ] **tourism** 名 ①観光旅行, 観光業 ②《集合的》観光客
- [ ] **tourist** 名 旅行者, 観光客 inbound tourists 訪日外国人旅行客

A B C D E F G H I J K L M N O P Q R S T U V W X Y Z

（インバウンド）

□ **toxic** 形 毒性のある, 有毒な

□ **Toyota Motor** トヨタ自動車株式会社《世界有数の大手自動車メーカー》

□ **TPP-11** 名 環太平洋パートナーシップに関する包括的及び先進的な協定《2018年に日本を含む11の国々によって締結された多国間貿易協定》

□ **trade** 名 取引, 貿易, 商業 processing trade 加工貿易 total trade 貿易総額 trade deficit 貿易赤字 trade friction 貿易摩擦 trade liberalization 貿易自由化 trade problem 貿易問題 trade surplus 輸出超過額 動 取引する, 貿易する, 商売する

□ **trading** 名 貿易, 通商. 商取引 capital trading practice 資本取引慣行 trading partner 貿易相手国

□ **traditional** 形 伝統的な

□ **training** 動 train (訓練する) の現在分詞 名 ①トレーニング, 訓練 ②コンディション, 体調

□ **Trans-Pacific Partnership (TPP)** 環太平洋パートナーシップ協定《2016年に日本を含む12の国々の間で署名された経済連携協定（EPA）》

□ **transfer** 動 ①移動する ②移す ③譲渡する 名 ①移動, 移送 ②譲渡 ③乗り換え

□ **transit** 名 通過, 乗り換え, トランジット

□ **transparent** 形 ①透明な, 透けて見える ②わかりやすい

□ **transport** 動 輸送［運送］する 名 輸送, 運送（機関）

□ **transportation machinery** 輸送用機械

□ **travel agency** 旅行代理店

□ **treasure** 名 財宝, 貴重品, 宝物 three new sacred treasures 新・三種の神器《1960年代半ばに普及した3種類の耐久消費財。カラーテレビ（Color television）・クーラー（Cooler）, 自動車（Car）》 three sacred treasures 三種の神器《1950年代後半に普及した3種類の耐久消費財。白黒テレビ・洗濯機・冷蔵庫》 動 秘蔵する

□ **tremendous** 形 すさまじい, とても大きい

□ **trend** 名 トレンド, 傾向

□ **trendsetter** 名 流行をつくる人

□ **tried** 動 try (試みる) の過去, 過去分詞 形 試験済みの, 信頼できる

□ **trigger** 名 引き金, きっかけ, 要因

□ **trillion** 名 1兆

□ **triple** 名 ①3倍（の数）②三塁打 形 3倍の, 3重の, 3種類の triple reform 三位一体の改革 動 3倍になる［する］, 3重になる

□ **truck** 名 トラック, 運搬車 動 トラックで運ぶ

□ **Trump** 名《Donald John –》トランプ (1946–)《アメリカ合衆国第45代大統領》

□ **trust** 動 信用［信頼］する, 委託する 名 信用, 信頼, 委託

□ **trying** 動 try (やってみる) の現在分詞 形 つらい, 苦しい, しゃくにさわる

□ **tsunami** 名 津波

□ **turn** 熟 in turn 順番に, 立ち代わって

□ **turning** 動 turn (ひっくり返す) の現在分詞 名 回転, 曲がり角 turning point 転回点, 変わり目, ターニング・

ポイント

□ **2008 Financial Crisis** 《the –》
2008年の金融危機《2007年に顕在化
したサブプライム住宅ローン危機を発
端としたリーマン・ショックと, それに
連鎖して2008年に発生した一連の国
際的な金融危機》

U

□ **U.S.** 略《the –》アメリカ合衆国 (＝
United States of America)

□ **U.S. government bond** 米国債

□ **U.S.-Japan Structural
Impediments Initiative** 日米
構造協議

□ **unable** 形《be – to ～》～すること
ができない

□ **unchecked** 形〔悪い事などが〕歯
止め [抑制] が利かない

□ **undeniable** 形明白な, 否定しよう
がない

□ **underline** 動下線を引く, 強調す
る 名下線, アンダーライン

□ **undertook** 動 undertake (引き受
ける) の過去

□ **underway** 形航行 [進行] 中の

□ **unemployment** 名失業 (状態)
unemployment rate 失業率

□ **unequal** 形同等でない, 同じでない
unequal society 格差社会

□ **unfair** 形不公平な, 不当な unfair
termination 不当解雇

□ **union** 名①結合, 合併, 融合 ②連
合国家 company labor union 企業
組合

□ **unique** 形唯一の, ユニークな, 独自
の

□ **unite** 動①1つにする [なる], 合わ
せる, 結ぶ ②結束する, 団結する

□ **United Kingdom** 《the –》英国,
イギリス《国名》

□ **United States** 《the –》アメリカ
合衆国《国名》

□ **university** 名 (総合) 大学

□ **unless** 接もし～でなければ, ～しな
ければ

□ **unprecedented** 形前例 [先例] の
ない, かつてない, 未曾有の

□ **unrealized** 形まだ実現されていな
い, 〔利益などが〕未回収の

□ **upon** 前①《場所・接触》～(の上)
に ②《日・時》～に ③《関係・従事》
～に関して, ～について, ～して 副前
へ, 続けて

□ **upturn** 名上に向くこと, 〔景気・価
格などの〕上昇, 好転

□ **urgency** 名①緊急性 ②しつこさ
matter of urgency 《a –》緊急を要
する問題, 事柄

□ **urgent** 形緊急の, 差し迫った

□ **used** 動①use (使う) の過去, 過去
分詞 ②《– to》よく～したものだ, 以
前は～であった 形①慣れている, 《get
[become] – to》～に慣れてくる ②使
われた, 中古の

V

□ **vacancy** 名①空虚, 空間 ②空い
た所, 空き室, 空き地

□ **value** 名価値, 値打ち, 価格 drop
in value 《a –》価値の低下 [目減り],
価格の下落 動評価する, 値をつける,
大切にする

□ **variety** 名①変化, 多様性, 寄せ集

A
B
C
D
E
F
G
H
I
J
K
L
M
N
O
P
Q
R
S
T
U
V
W
X
Y
Z

A
B
C
D
E
F
G
H
I
J
K
L
M
N
O
P
Q
R
S
T
U
V
W
X
Y
Z

め ②種類

□ **various** 形 変化に富んだ, さまざまの, たくさんの

□ **vast** 形 広大な, 巨大な, ばく大な

□ **VCR** 略 ビデオ, ビデオカセットレコーダー, ビデオデッキ (= video cartridge [cassette] recorder)

□ **vehicle** 名 乗り物, 車, 車両 fuel-cell hybrid vehicle 燃料電池自動車 hybrid vehicle ハイブリッド車[カー]《エンジンと電気モーターの二つの動力を併用して駆動する自動車》

□ **venture** 動 思い切って~する, 危険にさらす 名 冒険 (的事業), 危険

□ **vertically** 副 垂直に

□ **vicious** 形 悪意のある, 意地の悪い, 扱いにくい vicious circle 悪循環

□ **video game** テレビ[ビデオ]ゲーム

□ **Vietnam** 名 ベトナム《国名》

□ **vigorously** 副 元気に

□ **vis-à-vis** 前 ~に対して, ~と比較して

□ **visa** 名 ビザ, 査証

□ **"Visit JAPAN" campaign** ビジット・ジャパン・キャンペーン《国土交通省を中心に行われている訪日外国人旅行の促進キャンペーン》

□ **visitor** 名 訪問客

□ **vitalize** 動 ~を活気[元気]づける, ~を活性化する

□ **voluntary** 形 自発的な, ボランティアの

□ **volunteer** 名 志願者, ボランティア 動 自発的に申し出る get someone to volunteer for (人に) ~を志願させる

W

□ **wage** 名 賃金, 給料, 応酬 動 (戦争・闘争などを) 行う

□ **washing** 名 洗濯

□ **wave** 名 ①波 ②(手などを) 振ること 動 ①揺れる, 揺らす, 波立つ ②(手などを振って) 合図する

□ **way** 熟 in this way このようにして on the way 途中で

□ **weak dollar** 《経済》ドル安

□ **weak yen** 《経済》円安

□ **weakened** 動 weaken (~を弱める) の過去形

□ **weakness** 名 ①弱さ, もろさ ②欠点, 弱点

□ **wealth** 名 ①富, 財産 ②豊富, 多量 wealth gap 貧富の差

□ **weapon** 名 武器, 兵器 sales weapon 販売の武器 動 武装させる, 武器を供給する

□ **weigh** 動 ①(重さを) はかる ②重さが~ある ③圧迫する, 重荷である

□ **welfare** 名 ①福祉 ②福祉手当[事業], 失業手当

□ **well** 熟 as well なお, その上, 同様に as well as ~と同様に well into the future 将来にわたっても

□ **white-collar** 形 ホワイトカラーの, 事務職の white-collar worker サラリーマン, 事務系の仕事をする人

□ **whole** 形 全体の, すべての, 完全な, 満~, 丸~ 名《the – 》全体, 全部 as a whole 全体として

□ **wide** 形 幅の広い, 広範囲の, 幅が~ある 副 広く, 大きく開いて

□ **widening** 名 広げること, 拡大

□ **widespread** 形 広範囲におよぶ, 広く知られた

□ **willing** 形 ①喜んで〜する, 〜しても構わない, いとわない ②自分から進んで行う

□ **wipe** 動 〜をふく, ぬぐう, ふきとる 名 ふくこと

□ **with the aim of** 〜を目的として, 〜のために

□ **withdraw** 動 引っ込める, 取り下げる, (預金を)引き出す

□ **within** 前 ①〜の中[内]に, 〜の内部に ②〜以内で, 〜を越えないで 副 中[内]へ[に], 内部に 名 内部

□ **Without reform, there can be no economic growth.** 改革なくして経済成長なし《2001年に小泉純一郎首相(当時)が掲げたスローガン》

□ **words** 熟 in other words すなわち, 言い換えれば

□ **work** 熟 go out to work 仕事に出かける work style reform 働き方改革

□ **worker** 名 仕事をする人, 労働者 temp worker 臨時[非正規]雇用 white-collar worker サラリーマン, 事務系の仕事をする人

□ **working** 動 work(働く)の現在分詞 形 働く, 作業の, 実用的な

□ **working-age** 形 労働年齢の working-age population 生産年齢人口, 労働年齢人口

□ **workplace** 名 職場, 仕事場

□ **world** 熟 in the world 世界で

□ **World War II** 第二次世界大戦 (1939–45)

□ **world-leading** 形 世界をリードする, 世界トップレベルの

□ **worldwide** 形 世界的な, 世界中に広まった, 世界規模の 副 世界中で[で], 世界的に

□ **worry** 熟 have worry about 〜に不安を抱く[持つ]

□ **worse** 形 いっそう悪い, より劣った, よりひどい get worse 悪化する 副 いっそう悪く

□ **worsen** 動 悪化する[させる]

□ **worth** 形 (〜の)価値がある, (〜)しがいがある 名 価値, 値打ち

□ **write off** 〔不良債権などを帳簿から〕抹消する, 〔資産を〕減価償却する

Y

□ **year-end** 形 年末の

□ **years** 熟 for 〜 years 〜年間, 〜年にわたって

□ **yen exchange rate** 円相場

□ **yen-based term** 円ベースの条件で

□ **Yom Kippur War** 第四次中東戦争, ヨーム・キップール・ウォー(1973)

Z

□ **zaibatsu** 名 財閥

□ **zone** 名 地帯, 区域 special zones for structural reform 構造改革特区 動 区画[区分]する

A
B
C
D
E
F
G
H
I
J
K
L
M
N
O
P
Q
R
S
T
U
V
W
X
Y
Z

やさしい英語を聴いて読む
IBCオーディオブックス

日本の経済[改訂版]
The Japanese Economy
[新装版]

2021年11月6日　第1刷発行

著者……… 小林佳代

訳者……… ジャイルズ・マリー

発行者……… 浦晋亮

発行所……… **IBCパブリッシング株式会社**

〒162-0804
東京都新宿区中里町29番3号
菱秀神楽坂ビル9F
Tel. 03-3513-4511
Fax. 03-3513-4512
www.ibcpub.co.jp

印刷所……… **株式会社シナノパブリッシングプレス**

CDプレス……… **株式会社ケーエヌコーポレーションジャパン**

© Kayo Kobayashi 2021
© Giles Murray 2021
© IBC Publishing, Inc. 2021
Printed in Japan

ISBN978-4-7946-0684-6

English **C**onversational **A**bility **T**est
国際英語会話能力検定

● E-CATとは…

英語が話せるようになるための
テストです。インターネットベー
スで、30分であなたの発話力を
チェックします。

www.ecatexam.com

● iTEP®とは…

世界各国の企業、政府機関、アメリカの大学300
校以上が、英語能力判定テストとして採用。オン
ラインによる90分のテストで文法、リーディング、
リスニング、ライティング、スピーキングの5技
能をスコア化。iTEP®は、留学、就職、海外赴任な
どに必要な、世界に通用する英語力を総合的に評
価する画期的なテストです。

www.itepexamjapan.com